ZIPPERT STEIGT AUF

HANS ZIPPERT

ZIPPERT STEIGT AUF

Sämtliche Angaben in diesem Werk erfolgen trotz sorgfältiger
Bearbeitung ohne Gewähr. Eine Haftung der Autoren bzw.
Herausgeber und des Verlages ist ausgeschlossen.

1. Auflage
© 2019 Bergwelten Verlag bei Benevento Publishing
Salzburg – München
eine Marke der Red Bull Media House GmbH, Wals bei Salzburg

Alle Rechte vorbehalten, insbesondere das des öffentlichen Vortrags,
der Übertragung durch Rundfunk und Fernsehen sowie der Übersetzung, auch einzelner Teile. Kein Teil des Werkes darf in irgendeiner
Form (durch Fotografie, Mikrofilm oder andere Verfahren) ohne
schriftliche Genehmigung des Verlages reproduziert oder unter
Verwendung elektronischer Systeme verarbeitet, vervielfältigt oder
verbreitet werden.
Gesetzt aus der Palatino, Quan, Clarendon

Medieninhaber, Verleger und Herausgeber:
Red Bull Media House GmbH
Oberst-Lepperdinger-Straße 11–15
5071 Wals bei Salzburg, Österreich

Satz: MEDIA DESIGN: RIZNER.AT
Umschlaggestaltung: b3K design, Andrea Schneider, diceindustries
Fotos: alle Fotos von Achim Apell, außer S. 60, 72, 154, 166, 173
und Foto auf der Zugspitze im Nachsatz: Hans Zippert
Umschlagabbildung: Monja Gentschow
Illustrationen: Andreas Posselt
Printed in Slovakia
ISBN 978-3-7112-0006-8

*Für Reinhold Messner,
von dem ich alles gelernt habe*

INHALT

Vorwort 13

1. Station – Feldberg
»Gipfel der Einkehr« 15

2. Station – Dollberg
»Kalt, kälter, keltisch« 23

3. Station – Erbeskopf
»Künstlerisch wertvoll« 31

Meine 16 größten Ängste 39

4. Station – Langenberg
»In der holländischen Besatzungszone« 41

5. Station – Friedehorster Park
»Etwas Besseres als der Tod?« 49

6. Station – Hasselbrack
»Im Reich der Rieseneule« 57

7. Station – Bungsberg
»Die Schneehölle Schleswig-Holsteins« 65

Nicht jeden ruft der Berg   73

8. Station – Helpter Berge
»Willkommen auf dem
Mosquito Mountain«   81

9. Station – Großer Müggelberg
»Hauptstadtgipfel«   89

10. Station – Kutschenberg
»Eine Grenzerfahrung«   97

Statistik   104

11. Station – Brocken
»Mit Heines Pistolen auf
Goethes Spuren«   107

12. Station – Wurmberg
»Zwergziegenstreicheln am
Monsterrollerberg«   115

13. Station – Fichtelberg
»Im wilden Osten«   123

Was man nicht mitnehmen muss   131

14. Station – Großer Beerberg
»Rostbratwurst im Teufelsbad«   133

15. Station – Wasserkuppe
»Zwischenstation auf dem Weg
zum Mond«　　　　　　　　　141

16. Station – Zugspitze
»Das ist ja wohl der Gipfel!«　　149

Bergbilanz　　　　　　　　　157

Literatur　　　　　　　　　　165

Danksagung　　　　　　　　167

16 Abkürzungen für Eilige　　169

Ich wusste, ich kann es schaffen, als erster Mensch und Bielefelder die gefürchteten »16 Summits« zu bezwingen. Nötig waren dafür der Verzicht auf jegliches Training, disziplinloses Essen und eine möglichst oberflächliche Vorbereitung. Mir war klar, höchstens jeder dritte Handgriff muss sitzen, und wahrscheinlich sogar nicht mal der. Die Erstürmung der Gipfel erfolgte nach einem ausgeklügelten System: Ich bestieg niemals mehr als einen Berg pro Tag, und ich ging immer so lange weiter, bis ich oben war. An diesem Punkt sind viele meiner Vorgänger gescheitert. Ich begann den Gipfelmarathon in Baden-Württemberg und beendete ihn in Bayern, kletterte also vom Feldberg auf den Dollberg, und über den Erbeskopf und 12 weitere Berge gelangte ich schließlich auf die Zugspitze. Welche Erkenntnisse habe ich dabei gewonnen? Es gibt Berge, die rufen einfach nicht, und der Gipfel ist nicht immer der Höhepunkt.

1. STATION
FELDBERG

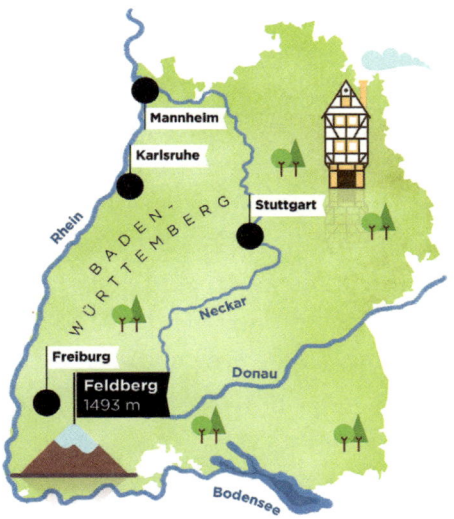

GIPFEL DER EINKEHR

Baden-Württemberg ist ein wohlhabendes Bundesland. 67 Prozent der Einwohner wissen noch nicht einmal, wie man Armut buchstabiert. Jedes Neugeborene kommt mit einem Vermögen von 500 000 Euro zur Welt. Das ganze Land wird zweimal in der Woche durchgefegt, die Weinberge sind ordentlich gekämmt und die Mülleimer permanent geleert. Die Bevölkerung erbringt ständig Spitzenleistungen auf allen Gebieten, und da wundert es schon ein wenig, dass der höchste Berg des Landes nur 1493 Meter misst. Da hätte doch mehr drin sein müssen.

Man sollte aber bedenken, dass der Feldberg, beziehungsweise die Region, im Laufe der Erdgeschichte viermal herausgehoben und dreimal wieder abgetragen wurde. Er hat also einige Umbauten hinter sich und dabei möglicherweise an Höhe verloren.

Für ein Bundesland, das direkt von der Autoindustrie finanziert und gelenkt wird, ist der Feldberg, der auch als der »Höchste« gilt, enttäuschend schlecht erschlossen: Man muss den Wagen schon in 1260 Meter Höhe in einem Parkhaus abstellen. Der Weg zum Gipfel ist aber immerhin glatt asphaltiert, damit die elektrischen Mountainbiker bequem nach oben schnurren können. Das gestaltete sich gar nicht so einfach, denn der Feldberg ist reichlich bevölkert. Man hat von unten fast den Eindruck, er sei ausgelastet. Bis zu 1,5 Millionen Touristen werden jährlich gezählt, und ein Großteil davon scheint ausgerechnet an diesem sonnigen Montag unterwegs zu sein. Familien mit Kindern in jedem Alter, Senioren, Funsportler, Franzosen, Schweizer und Chinesen, alle wollen aufs Dach von Baden-Württemberg.

Ich warte auf eine Lücke und reihe mich dann in den Treck ein, der sich den Feldbergsteig emporwindet. Ich habe mich, wie Tausend andere auch, für diese Strecke entschieden, weil sie als »Premiumwanderweg« gelobt wird. Die Beschilderung ist hervorragend, aber nicht zu üppig, Hinweise stehen genau an den Stellen, wo man zu zweifeln beginnt, und informieren zuverlässig über die Ruhetage der Gasthöfe. Der Weg führt vorbei an gesperrten Bereichen – im Sommer ist das Betreten der Skipisten verboten, damit sie sich von den Strapazen des Winters erholen können.

Ein schmaler Pfad zieht steil nach oben, und nach 20 Minuten stehe ich vor dem höchstgelegenen Bismarckdenkmal des Landes, wahrscheinlich sogar der Welt. Es gibt über 70 Bismarckdenkmäler und knapp 150 Bismarcktürme in Deutschland, die man alle mal besteigen könnte, aber das gehört nicht hierher.

Das Bismarckdenkmal auf dem Seebuck ist eine recht schlichte Steinpyramide, die auf den ersten Blick wenig Ähnlichkeit mit dem »Eisernen Kanzler« hat, allerdings hatte der auch meistens einen sehr steinernen Gesichtsausdruck. Das Monument eignet sich als Kletterwand, und viele Kinder begreifen das, zum Entsetzen ihrer Erziehungsberechtigten, auch sehr schnell.

Ein paar Hundert Meter von Bismarck entfernt erhebt sich der Feldbergturm, was für einige Verwirrung sorgen kann. Man befindet sich nämlich noch längst nicht auf dem Gipfel, sondern auf einem Vorberg, der es immerhin auf 1448 Meter bringt. Schweren Herzens verzichte ich auf die Besichtigung des einzigartigen Schwarzwälder Schinkenmuseums, denn ich will nach ganz oben. Noch zwei Kilometer muss ich auf asphaltierten Wegen Richtung Norden laufen, und dann stehe ich auf dem Gipfel, wo es jetzt, um elf Uhr, schon beängstigend voll wirkt.

Der Ausblick ist überwältigend, bei klarer Sicht könnte man den Montblanc erkennen, Eiger, Mönch und Jungfrau sowieso. Unmöglich, alles aufzuzählen, was man vom Feldberggipfel aus sehen könnte. Wahrscheinlich wäre es einfacher, sich darauf zu beschränken, was man nicht sehen kann, Bielefeld und Bochum beispielsweise. Der Gipfel befand sich ein Jahr im Besitz des Unternehmens *Stuttgarter Hofbräu*, das ihn auf einer Versteigerung erworben hatte und 1992 dem Schwarzwaldverein schenkte. Darauf weist eine Gedenktafel hin, und ich bekomme sofort Durst. Leider gibt es auf dem Gipfel keinen Ausschank, aber in erreichbarer Nähe ein erfreulich dichtes Netz von Gasthöfen. Ich entscheide mich für die *Zastler Hütte*, die tief unten im Zastler Loch liegt. Der Abstieg ist steil und spektakulär. Manchmal treffe ich mehrere Minuten keinen anderen Menschen und wähne mich bereits in einer Art Bergeinsamkeit, bis wieder fünf Wanderer um die Ecke biegen. Vor der Hütte ist jeder Tisch besetzt, an der Speisen- und Getränkeausgabe hat sich eine lange Schlange gebildet. Nach einer Viertelstunde Wartezeit bekomme ich für die Käsespätzle die »31« zugewiesen, während die Wirtin gerade unwirsch über Lautsprecher »die Nummer 14« ausruft und nebenbei einen Mann anbellt, der sich an einem Tisch mit der Aufschrift »Privat« festhält.

Ich habe mir zum Glück genug Bier bestellt und kann problemlos vierzig Minuten auf das Essen warten, denn ich sitze gemütlich in der Sonne und stelle mir mit wohligem Grausen vor, wie hier im Winter die Lawinen von den Steilhängen herunterdonnern. 2011 war die Hütte durch einen Felssturz sogar sechs Tage von der Außenwelt abgeschnitten, da genießt man die späten Spätzle gleich mit viel mehr Andacht und Wertschätzung.

Nach der vielleicht etwas zu ausgedehnten Rast geht es wieder steil nach oben, vorbei am *Naturfreundehaus* (Kaffee und Kuchen) und der *Baldenweger Hütte* (Montag Ruhetag) und dann über den wildromantischen Sägebachschlagsteig hinab zum Feldsee.

Wie nicht anders zu erwarten, ist der Feldsee ein Überbleibsel aus der letzten Eiszeit. Noch bis zum Jahr 2000 durfte man sich sogar abkühlen, aber inzwischen hat man sehr seltene Unterwasserfarne dort entdeckt, und es gilt ein generelles Badeverbot, an das sich, außer einer Stockente, auch alle halten, trotz der ungeheuren Hitze. Wahrscheinlich aber nur unter größter Willensanstrengung. Irgendwie kommt es mir so vor, als würden einige Wanderer fast hasserfüllt in die Fluten starren, wo sich irgendwo in der Tiefe die seltenen Farne ins Fäustchen lachen. Ich umrunde den See einmal und steige dann in Serpentinen Richtung Feldbergbahn nach oben, wo mich bereits die *Seebuck-Hütte* mit einem ausgezeichneten Hefeweizen aus der Region erwartet.

Ich muss sagen, ich hätte nicht erwartet, dass ich meinen ersten Gipfel unter so großer

Beteiligung der Bevölkerung besteigen würde. Bis auf ein paar sehr enge Stellen mit Gedränge hat es mich nicht gestört. Die Landschaft ist so außergewöhnlich schön, die Ausblicke sind so unvergleichlich, da wäre es nicht nur unrealistisch, sondern auch undemokratisch, wenn man das alles ganz allein genießen wollte.

FELDBERG
1.493 m
Start: Parkhaus an der Feldbergbahn-Talstation
Gipfeleinkehr: Nicht möglich, aber unterhalb des Gipfels warten viele gut ausgeschilderte Hütten auf den Besucher.
Streckenverlauf: Immer der Beschilderung »Feldbergsteig« folgen. Es sind zahlreiche Abkürzungen oder Verlängerungen möglich. Von Hinterzarten über den Emil-Thoma-Weg oder vom Notschreipass über den Stübenwasen mit einem »alpinen Steig« als besonderen Nervenkitzel.
Strecke: ca. 13 km
Dauer: 4,5 h
Höhendifferenz: 590 m

---

2. STATION
DOLLBERG

KALT, KÄLTER, KELTISCH

Das Saarland ist eines der vielen Problembundesländer der Bundesrepublik Deutschland, die, abgesehen von Hessen, Bayern und Baden-Württemberg, eigentlich nur aus Problemprovinzen besteht. Dem Saarland kommt dabei die äußerst undankbare Aufgabe zu, als Vergleichsmaßstab für Katastrophen aller Art herhalten zu müssen. Versinkt irgendwo ein Tanker, bildet sich stets ein Ölteppich von der Größe des Saarlandes, und wenn eine Waldfläche in Flammen steht, dann hat sie selbstverständlich auch die Umrisse des Saarlandes. Immerhin wurde hier Erich Honecker geboren, der letzte unumschränkte Herrscher der DDR, die aber mehr als vierzigmal so groß wie das Saarland war.

Doch selbst dieser von Gott vergessene Landstrich verfügt über eine höchste Erhebung, den 695,4 Meter hohen Dollberg, der tatsächlich so gerade eben noch im Saarland liegt. Von seinem Gipfel sind es nur ein paar Schritte bis nach Rheinland-Pfalz, dessen höchster Berg, der Erbeskopf, sich auf majestätische 816 Meter emporschraubt. Man könnte also fast auf den Gedanken kommen, Rheinland-Pfalz hätte den Saarländern großmütig den Dollberg überlassen, damit die überhaupt einen höchsten Berg haben, was natürlich nur eine bösartige Unterstellung ist, denn wenn es den Dollberg nicht gäbe, wäre es eben der Schimmelkopf geworden, der nur 60 Zentimeter niedriger ist.

Der Weg zum Basislager in Nonnweiler führt durch den Hunsrück, eine extrem verlassene Gegend, in der Straßen ohne Vorwarnung einspurig werden und man irgendwann das Gefühl hat, die Menschen leben hier noch vom Köhlerhandwerk, falls es überhaupt Menschen gibt, denn man sieht keine. Manchmal tauchen Siedlungen auf, die Namen wie Abentheuer oder Langweiler tragen. Eine alte Frau sitzt rauchend auf den Eingangsstufen ihres Hauses, von dem sich die Eternitverkleidung ablöst, der einzige Bäcker in Neuhütten/Züsch bietet »zehn Kracher« zum Sonderpreis an. Hier sieht es stellenweise so aus, wie es in der ehemaligen DDR schon lange nicht mehr aussieht. Vieles in dieser Gegend wirkt eher unerklärlich, weshalb es gut ist, dass wenigstens der Parkplatz am Kloppbruchweiher in der Nähe der fjordartigen Talsperre von Nonnweiler mit zahlreichen Informationstafeln bestückt ist.

Es wimmelt von Parcours für Nordic Walking, was die bevorzugte Fortbewegungsart der Einheimischen zu sein scheint, aber den Dollberg hat man nirgendwo eingezeichnet, auch auf den Wegweisern wird er nicht erwähnt.

Mit einem leicht beklommenen Gefühl beginne ich den Aufstieg in die Richtung, in der aller Wahrscheinlichkeit nach der Dollberg liegt. Ich passiere ein eingezäuntes Areal, den Keltenpark, in dem im Sommer das Leben der Treverer, der früheren Bewohner dieser Region, gegen Bezahlung nachgestellt wird.

Der »bildungshungrige Gast« könne hier »keltisches Handwerk« erlernen, hofft der Tourismusverband. Nach einer Viertelstunde erreiche ich umfangreiche, sehr beeindruckende

Steinhaufen, die nicht natürlichen Ursprungs sein können. Es handelt sich um einen Teil der Mauer, die vor mehr als 2000 Jahren eine keltische Siedlung umgab. Ich bewege mich jetzt innerhalb des Otzenhauser Ringwalls, einer der größten prähistorischen Befestigungsanlagen Europas. Nach weiteren fünf Minuten Fußmarsch stehe ich zu Füßen des mächtigen Nordwalls, der hier wie ein gigantischer, verlassener Bahndamm in die Landschaft ragt. Ursprünglich war es einmal eine 18 Meter hohe Trockensteinmauer. Die Treverer gaben die Anlage angeblich kampflos auf, als Gaius Julius Caesar, begleitet von einigen Legionen, im Rahmen der Recherche für sein Buchprojekt *De bello Gallico* auftauchte.

Archäologische Funde aus keltischer Zeit wirken oft wenig beeindruckend, falls man sie mit bloßem Auge überhaupt erkennt. Hier

ist man jedoch sofort überwältigt von der schieren Größe der Anlage, auf die man nicht gefasst war. In dieser Region ist seitdem kein vergleichbares Bauwerk mehr geschaffen worden, wenn man mal von der ehemaligen französischen Botschaft in Saarbrücken absieht. Nur dank einer Treppe ist es möglich, den gigantischen Nordwall unfallfrei zu überwinden. Auf der anderen Seite der Mauer bin ich immer noch auf meine Intuition und den Kompass angewiesen, denn der Dollberg wird konsequent weiterhin nicht ausgeschildert.

Hin und wieder trifft man auf alte Grenzsteine, deren Beschriftung längst verwittert ist. Langsam beschleicht mich die Angst, am Gipfel vorbeigelaufen zu sein, denn Höhenunterschiede sind kaum noch zu erkennen. Um mich herum knacken und krachen die Bäume, als würden sie sich gleich auf mich stürzen wollen. Häufig liegen sie quer über dem kaum noch wahrnehmbaren Weg, meine Angst kann also nicht ganz unbegründet sein.

Niemand scheint diese Route vor mir gegangen zu sein, die Schneedecke ist unberührt, obwohl es seit Wochen nicht mehr geschneit hat. Vielleicht taut es im Saarland oberhalb von 600 Metern gar nicht, ich habe mich relativ schlecht, geradezu fahrlässig schlecht, auf diese Tour vorbereitet, das wird mir nun klar. Vollkommen unerwartet und ergriffen stehe ich dann wenige Minuten später vor einem Blechschild und lese: »Dollberg – höchste Erhebung des Saarlandes, 695,4 m ü. NN«. Das »NN« steht in diesem Falle nicht für Nonnweiler.

Mein Gefühl ist keineswegs unbeschreiblich, man könnte es kurz mit dem Wort »desillusioniert« wiedergeben. Ich verstehe vollkommen, warum man diesen Gipfel nicht übertrieben ausgeschildert hat.

Der Dollberg ist zu niedrig, um eine nennenswerte Aussicht zu bieten. Nur fünfzig Meter mehr, und man hätte sogar ein ganzes Bundesland von den Ausmaßen des Saarlandes überblicken können. Nach dem obligatorischen Gipfelselfie konzentriere ich mich gleich auf den Abstieg. Keine Ahnung, wie lange das Licht noch ausreichen wird, das Saarland gilt als strukturschwach, da könnte schon um 14.07 Uhr die Dämmerung hereinbrechen. Ich versuche, schneller zu sein als möglicherweise umstürzende Bäume.

Der Rückweg gestaltet sich jedoch unproblematisch. Verirren ist praktisch unmöglich, ich muss nur in meinen eigenen Fußspuren zurücklaufen, dann stehe ich auch schon wieder etwas atemlos vor der mächtigen Keltenmauer. Durch eine Lücke in den Bäumen sehe ich Nonnweiler und meine sogar, den Hochwalddom zu erkennen. Dort bewahrt man ein

Signalhorn auf, das der heilige Hubertus bei der Jagd verloren hat, und den Hubertusschlüssel, ein Brenneisen, das bis vor Kurzem noch zur Behandlung von Tollwutkranken eingesetzt wurde. Wäre ich unterwegs von einem Hasen oder einem Igel angefallen worden, hätte ich also möglicherweise noch gerettet werden können. Falls man mich überhaupt gefunden hätte, denn der letzte lebende Mensch, den ich gesehen habe, war die rauchende Frau in Neuhütten.

DOLLBERG
695,4 m

Start: Parkplatz Kloppbruchweiher an der L147 bei Otzenhausen, knapp 50 km südöstlich von Trier.
Gipfeleinkehr: Speisen, Getränke und gute Laune selbst mitbringen!
Streckenverlauf: Vom Parkplatz am Keltenpark vorbei. Dann geht ein schmaler Weg steil links ab und führt in die Ringwallanlage. Die Nordmauer über die Königstreppe überqueren, rechts halten, an der nächsten Gabelung links und an der nächsten rechts halten. Dem schmalen Pfad folgen, bis irgendwann das Gipfelblechschild auftaucht.
Länge: 3 km
Dauer: 50 Min.
Höhendifferenz: 220 m

3. STATION
ERBESKOPF

KÜNSTLERISCH WERTVOLL

Der Hunsrück ist ein sehr raues und sehr menschenleeres Mittelgebirge. Enge Straßen führen durch endlose Waldgebiete, man hat den Eindruck, der Asphalt könnte jederzeit in eine Schotterpiste übergehen und schließlich im Nichts enden. Plötzlich taucht aus diesem

Nichts ein großes militärisches Sperrgebiet auf, und man fragt sich unwillkürlich, was es hier eigentlich zu bewachen gibt. Aus einschlägigen Filmen weiß man natürlich, dass genau in solchen Gebieten gerne die Raumschiffe von Außerirdischen landen oder zumindest havarieren.

Am Abend im Hotel am Fuße des Erbeskopfes weckt mich ein merkwürdiges Geräusch aus meinem unruhigen Schlummer. Ich schaue aus dem Fenster und sehe einen jungen Mann auf einem Quad. Er nimmt eine unnatürliche verbogene Haltung ein, umklammert mit einer Hand das Steuer und mit der anderen einen anscheinend defekten Reifen. Das Metall des unbereiften rechten Hinterrades schleift kreischend und Funken schlagend über den nächtlichen Asphalt. Ein denkwürdiges Schauspiel.

Danach herrscht wieder Stille. Im voll verglasten Showroom der dem Hotel angegliederten Edelsteinschleiferei, der einem Diamanten nachempfunden zu sein scheint, geht das Licht an. Es macht den Eindruck, als ob die meisten Menschen hier vom Schleifen lebten. In dem kleinen Ort Allenbach gibt es mindestens drei Läden, in denen bearbeitete Edelsteine verkauft werden. Ich konnte also gar nicht anders, als mir im Restaurant das »Schleifer-Steak« zu bestellen. Im gut besetzten Gastraum tafelte auch eine Gruppe von zwölf Damen, die unter der Führung eines übernächtigt wirkenden Geistlichen auf dem »Frauen-Pilgerweg« nach Trier unterwegs waren. Die Bedienung kam mit einem riesigen Servierwagen und servierte dreizehnmal das »Schleifer-Steak«.

Ich zog mich auf mein Zimmer zurück, das die Ausmaße einer Dreizimmerwohnung hat, mit sechs Betten, Sofa, mehreren Schrankwänden, Küchenzeile und leinwandgroßem Fernseher. Nachts wechsle ich mehrmals das Bett, ohne aber deshalb besser schlafen zu können. Große Lkws rattern fast ununterbrochen durch den kleinen Ort, sparen die Mautgebühren und beenden immerhin meine Albträume.

Am nächsten Morgen wird es tatsächlich und entgegen meinen Befürchtungen hell. Während des nahrhaften Frühstücks frage ich den ortskundigen Wirt nach dem schönsten Weg auf den Gipfel. Leicht ungehalten fragt er zurück: »Ja woll'n Sie denn nicht die Traumschleifen gehen?« Ich weiß nicht, wie er das meint, ich weiß gar nicht, was die Traumschleifen sind, aber da drückt er mir schon umfangreiches Prospektmaterial in die Hand, und ich begreife nach kurzem Studium, dass die Region von genau einhundertelf Traumschleifen durchzogen ist.

Es wäre wohl tatsächlich eine Provokation, sie nicht zu benutzen und einfach so auf den Erbeskopf zu steigen. Das ist durchaus möglich, denn der Weg, den eine einfühlsame Werbeagentur auf den Namen »Gipfelrauschen« getauft hat, beginnt am Hunsrückhaus. Und von dort ist der Erbeskopf zum Greifen nah, in einer Viertelstunde könnte man auf dem Gipfel stehen. Dann würde man sich aber etwas entgehen lassen – und zwar die Traumschleifen. Es geht »auf naturnahen Pfaden mit durchgehend natürlicher Stille« durch Wälder und Hangmoore des Nationalparks Hunsrück-Hochwald.

Auf dem Parkplatz des Hunsrückhauses herrscht eine eher unnatürliche Stille, die daher rührt, dass auf dem riesenhaften Gelände nur zwei Fahrzeuge stehen. Zahlreiche Busparkplätze zeigen, dass man normalerweise mit mehr Besuchern rechnet, die sich beispielsweise in einem großen Hochseilgarten vergnügen können.

Der traumhafte Aufstieg zum Gipfel nimmt seinen Anfang auf einer breiten Forststraße. Rechter Hand liegt das »Singende Tal«, das die natürliche Stille empfindlich stören würde und deshalb nicht durchquert wird.

Nach etwa dreihundert Metern biegt der Weg unvermittelt in den Wald ab, ist oft kaum zu erkennen, aber immer mit dem Traum-

schleifensymbol gekennzeichnet. Mal klettert man über Baumstämme, mal umrundet man einen entwurzelten Baum und trifft immer wieder auf breite Fahrstraßen, die aber nach wenigen Sekunden wieder verlassen werden müssen. Dann führt die Route anscheinend direkt durchs dichte Unterholz, vorbei an verlassenen Hochständen und beängstigend großen Fliegenpilzkolonien.

Nach einer halben Stunde habe ich jede Orientierung verloren. Aber die brauche ich auch nicht, denn an Stellen, wo der Wanderer ins Grübeln oder gar in durchgehend stille Verzweiflung verfallen könnte, leitet ihn dezent das violette Traumschleifensymbol und geleitet ihn sicher vorbei an den Hochmoorzonen des Erbeskopfes.

Tollkühne könnten kurz vom Weg abweichen und versuchen, auf einem glitschigen Holzbohlenweg durch das Hochmoor zu schliddern. Das erscheint aber nur bei lang anhaltender trockener Witterung empfehlenswert. Mich warf der Steg schon nach einem Meter wieder ab. Es war wohl eher eine Albtraumschleife.

Der Weg windet sich unermüdlich schlangen- oder schleifenhaft durch das Gelände. Oft glaube ich, den Gipfel schon vor mir zu sehen, doch hier ist der Weg eindeutig das Ziel. Und man muss die Kunstfertigkeit der Planer loben, denen es gelungen ist, eine Strecke von fünfzehn Minuten auf das Zehnfache auszudehnen. Manche Forststraßen überquert man bis zu viermal. Das fällt einem erst hinterher auf, vor allem wenn eine Nebelbank jede Orientierung unmöglich macht.

Irgendwann muss aber auch die verschlungenste Traumschleife zum Ziel kommen, und das ist das 816 Meter hohe Gipfelplateau des Erbeskopfes, das ich nach knapp drei Stunden endlich betreten darf.

Der Blick reicht im Nordwesten bis über die Mosel hinaus, es gibt einen hölzernen Aussichtsturm und die Klangskulptur »Windklang 816 M«. Je nach Position erinnert sie an ein großes »P« oder ein »R«, das nach Ansicht einer kleinen Besucherin für Erbeskopf stehen könnte.

Mit der Stille ist es hier oben endgültig vorbei, denn »…Tonnen von Stahl, anmutend verpackt in ein Holzkleid, inmitten der traumhaften Hunsrücklandschaft, kreieren ihre eigene Musik und geben dem Besucher, auf seinem Gang über den Steg durch die Skulptur, bis hin zum Aussichtspunkt die Möglichkeit, die Landschaft aus neuen Perspektiven zu erleben und zu empfinden …« (zitiert nach der Website der Verbandsgemeinde Thalfang).

Einer Tafel entnehme ich die erhebende Information, dass ich gerade auf dem höchsten Berg von Rheinland-Pfalz, des Saarlands, Luxemburgs, Hollands und Belgiens stehe. Fünf Länder teilen sich einen Gipfel. Ein ehrfürchtiger Schauer erfasst mich, und in meinem Erbeskopf herrscht plötzlich wieder eine durchgehend natürliche Stille.

ERBESKOPF
816 m

Start: *Hunsrückhaus* (Infostelle des Nationalparks Hunsrück-Hochwald, zwischen Allenbach und Thalfang an der L164)
Streckenverlauf: Vom *Hunsrückhaus* dem violetten Traumschleifen-Symbol folgen, bis man auf dem Gipfel des Erbeskopfs steht. Dank der üppigen Beschilderung ist die Wegfindung sehr einfach. Steht man auf der begehbaren Klangskulptur auf dem Gipfel, sieht man das *Hunsrückhaus* und wenn man darauf zuhält, ist man in zehn Minuten wieder zurück am Ausgangspunkt.
Strecke: 8 km
Dauer: 3 h
Höhendifferenz: 209 m

Verfolgungswahn – im Friedehorstpark fühlt man sich beobachtet

MEINE 16 GRÖSSTEN ÄNGSTE

Beerbergophobie – die mehr als berechtigte Angst, nicht hochzukommen
Brockoulrophobie – die Angst, auf dem Brocken einem Clown zu begegnen
Bungsbergophobie – die Angst, dass alle lachen, wenn man davon erzählt
Dollbergophobie – die Angst vor dem Saarland
Erbeskopf – die Angst vor dem Anschwellen der Körperregion über dem Hals
Feldbergangst – die Angst, keinen freien Platz mehr auf dem Gipfel zu bekommen
Fichtelbergophobie – die Angst vor Sachsen
Friedehorstparkomanie – die Lust an der Erniedrigung
Hasselbracoulrophobie – die Angst, demselben Clown wie auf dem Brocken zu begegnen
Helpterbergophobie – die Angst, mit Ostmark zahlen zu müssen
Kutschenbergophobie – die Angst vor ständigen Grenzerfahrungen
Langenbergophobie – die Angst, holländisch sprechen zu müssen
Müggelbergophobie – die Angst, nichts zu sehen
Wasserkuppe – die Angst, alle Parkplätze könnten besetzt sein
Wurmbergophobie – die Angst vor Ziegen bzw. die Angst, kein Kleingeld für den Automaten mit dem Ziegenfutter zu haben
Zugspitzophobie – die Angst, nach zehnstündigem Aufstieg mit einer Schweinebratwurst im Gebetsraum für Moslems zu stehen

4. STATION
LANGENBERG

IN DER HOLLÄNDISCHEN BESATZUNGSZONE

Während der Anreise im dichten Nebel durch die nordhessische Provinz fällt mir auf, dass jedes Dorf mindestens zwei, oft drei Blitzanlagen installiert hat. Kaum habe ich die Landesgrenze nach Nordrhein-Westfalen überquert, verschwinden Nebel und Radarfallen.

Ein Zufall? Oder nur entspannte Großzügigkeit der Sauerländer, deren blitzsaubere, aufgeräumte Dörfer und Kleinstädte den Eindruck erwecken, dass man auf zusätzliche Einnahmen aus der Geschwindigkeitsüberwachung nicht angewiesen ist?

In Bruchhausen, wo ich mein Basislager beziehe, sind alle Gebäude schwarz-weiß und aus Fachwerk. Nur ein Bürger hat, anscheinend in einem Akt der Auflehnung, seine Fassade orange gestrichen. An den Hauswänden lagern ehemalige Bäume des Sauerlandes in Form akkurat aufgeschichteter, gigantischer Brennholzstapel. Man könnte meinen, Brennholz sei das Gold des Sauerlandes. An den Bushaltestellen stehen unternehmungslustige *Best Ager* in Funktionsmaßkleidung, scharren mit ihren Teleskopstöcken und verlangen, näher an die touristischen Attraktionen transportiert zu werden.

Den Wanderer erwartet in Bruchhausen eine ungeheure Anzahl an Rundwegen und Premiumwanderstrecken. In der Ortsmitte hat man ein verblichenes Pappmascheemodell der Landschaft und ihrer Wege hinter Glas auf einen Sockel geschraubt. Die erklärenden Buchstaben und Zahlen sind im Laufe der Jahrzehnte abgeblättert und das Ganze bietet eher Anlass zur Verwirrung als zur Orientierung.

Der Langenberg, so viel wird sehr schnell deutlich, überragt keinesfalls majestätisch die Gegend, sondern ist kaum wahrnehmbar in einem Höhenzug versteckt. Aber das ist ja auch nur ein Wunschtraum, dass sich der höchste Berg eines Landes wie in einem Kinderbuch ganz urplötzlich aus der Ebene erhebt.

Der beschauliche Ort überrascht dafür mit einem hübschen Wasserschloss und dem auffallend gepflegten Gutshof des Freiherrn zu Fürstenberg. Viele Garagen und sogar einige Haustüren stehen offen. Das verwundert doch etwas: Entweder hat man hier im Sauerland keine Angst vor Einbrüchen oder man hat nichts mehr zu verlieren oder es handelt sich um eine Falle.

Der Weg beginnt an der katholischen Kirche und führt durch die Felder, gemächlich ansteigend, in den Wald. Der Boden ist teilweise sehr feucht und matschig, es scheint hier doch häufiger zu regnen. Stetig geht es bergan, man überquert einige Forststraßen, und nach etwa zwei Stunden klärt mich ein Schild darüber auf, dass ich mich gerade im Wald des Freiherrn von Fürstenberg aufhalte, der dem Wanderer aber in einem Anfall von Großmut gestattet, seinen Grund und Boden zu betreten. Allerdings muss man einige Regeln und vor allem die Öffnungszeiten beachten. Im Sommer von 8 bis 20 Uhr,

im Winter wird der Wald schon um 18 Uhr dichtgemacht.

Hinter dem Schild befindet sich die einzige Attraktion auf dem Weg zum Gipfel. Eine wenig leserfreundlich angebrachte Tafel informiert, dass ich mich auf dem Richtplatz befinde, auf dem in alter Zeit Recht gesprochen wurde. Ein eindrucksvolles Schwert soll auf den gewalttätigen Charakter dieser Rechtsprechung hinweisen. Man fragt sich allerdings, ob man die Delinquenten damals tatsächlich zwei bis drei Stunden durch das Rothaargebirge gezerrt hat, um sie dann hier oben zu bestrafen. Historisch belegt ist nichts, aber der Freiherr wollte wohl zumindest für ein kleines Highlight auf dem Weg zum Gipfel sorgen.

Ich befinde mich auf einer Höhe von 800 Metern, der Langenberg ist jetzt nur noch eine knappe halbe Stunde entfernt, trotzdem aber nicht mal zu erahnen. Der ziemlich aufgeweichte Pfad windet sich durch einen dichten Kiefernwald, ein Wegweiser (500 Meter vor dem Gipfel) verkündet: »Schöne Aussicht«. Der erfahrene Wanderer begreift sofort, dass es dann wohl oben, auf dem Dach Nordrhein-Westfalens, nichts zu sehen gibt, und nimmt das Angebot wahr.

Zehn Minuten später stehe ich vor einem übertrieben großen Gipfelkreuz, umgeben von etwa dreißig vorschriftsmäßig in Orange gekleideten Holländern, die für ein Erinnerungsfoto Aufstellung nehmen. Holländer waren schon in meiner Jugend die Hauptbewohner des Sauerlandes, weil es für niederländische Verhältnisse hochalpinen Charakter hat. Ein gern geäußertes Vorurteil lautete damals, man könne nur wenig an ihnen verdienen, weil sie sogar die eigenen Kartoffeln mitbrächten. Hier oben scheint niemand Kartoffeln bei sich zu haben, obwohl das keine schlechte Idee wäre. Denn die nächsten Einkehrmöglichkeiten sind weit entfernt. Im Gipfelbuch haben sich auch Dänen und Engländer eingetragen, die sich alle erfreut und teilweise begeistert äußern, obwohl der Gipfel des Langenbergs so ziemlich der langweiligste Ort der Umgebung ist. Wie erwartet gibt es keine Aussicht, aber man hat eine hölzerne Hängematte einbetoniert, auf der man sich von den Strapazen des Aufstiegs erholen kann. Der Langenberg ist Teil des Rothaargebirges und liegt genau auf der Grenze zu Hessen. Er ist aber gerade noch nordrhein-westfälisch, sonst wäre der viel bekanntere Kahle Asten mit 842 Metern der höchste Berg des bevölkerungsreichsten Bundeslandes Deutschlands.

Auf dem Gipfel herrscht ein reges Kommen und Gehen. Kaum verschwindet eine niederländische Seilschaft, taucht die nächste auf und hinter ihr noch eine. Kein Zweifel: Der Langenberg ist der beliebteste Berg Hollands, und ich verstehe endlich den Sinn der orangen Fassade in Bruchhausen.

Beim Abstieg orientiere ich mich am Wegweiser zum Rothaarsteig, der mich direkt zu den Bruchhauser Steinen führt, die natürlich ebenfalls im Besitz des Freiherrn von Fürstenberg sind. Vor Millionen von Jahren, in der Zeit des Devon – die älteren Leser werden sich vielleicht erinnern –, wurden diese Steine geformt, damit der Freiherr eine Stiftung daraus machen und von mir 4,50 Euro Eintritt nehmen konnte. Aber die Investition lohnt sich: Das Gelände bietet spektakuläre Formationen und den Aufstieg auf den Feldstein, allerdings wird die Natur hier schon um 18 Uhr geschlossen.

Bis dahin genießt man endlich einen grandiosen Rundblick, sieht den lang gezogenen Rücken, der dem Langenberg wohl seinen Namen gegeben hat, und staunt, dass man die Strecke tatsächlich zu Fuß zurückgelegt hat. Bei klarer Sicht und wenn sich einige höhere Berge noch ein wenig ducken würden, könnte man bis Münster, Kassel oder Paderborn gucken. Aber wer will das schon?

Die Abendsonne taucht die Landschaft in ein magisches Licht, ich drücke den Auslöser und schicke das Bild meiner Tochter, die völlig verblüfft fragt: »Liegt das in Deutschland?« Ich antworte: »Das ist großartiger als Deutschland, das ist das Sauerland.«

LANGENBERG
843 m

Start: Bruchhausen, Kapellenweg an der katholischen Pfarrkirche St. Cyriakus
Streckenverlauf: Den Kapellenweg bis zum Ende gehen, dann der Beschilderung B3 in die Felder folgen bis auf den Gipfel des Langenbergs. Rückweg über den Sternrodt, durchs Medebachtal nach Bruchhausen. Wegen des fantastischen Ausblicks unbedingt noch einen Abstecher zu den (gebührenpflichtigen) Bruchhauser Steinen machen.
Strecke: 14 km
Dauer: 4 h
Höhendifferenz: 398 m

5. STATION
FRIEDEHORSTPARK

ETWAS BESSERES ALS DEN TOD?

Bremen ist das kleinste Bundesland Deutschlands und hat folgerichtig auch den kleinsten Berg aller Bundesländer. Die 3250 Zentimeter hohe Erhebung im Friedehorstpark im Nordwesten der Stadt scheint eine leicht zu bewältigende Aufgabe, eine angenehme Nachmittagsbeschäftigung zu versprechen, aber ich ahne nicht, dass vor mir der wohl anstrengendste Aufstieg meiner Reise liegt. Eine Tour, an der ich nicht nur an die Grenzen zu Niedersachsen, sondern auch an meine eigenen kommen sollte. Die Expedition nimmt ihren Anfang am Bremer Hauptbahnhof, einem Ort, an dem viele dramatische Geschichten beginnen oder auch enden. Ich bin perfekt ausgerüstet, dank eines Stadtplans mit Preisangabe in D-Mark, den ich zu Hause unter einem Stapel mit Reiseführern über Nepal gefunden hatte, einer Flasche Wasser und einem Apfel. Die von mir gewählte Aufstiegsroute über die Nordflanke des Friedehorstparks führt ausschließlich durch das Stadtgebiet von Bremen, da scheinen Versorgungsengpässe nicht unbedingt vorprogrammiert. Ich habe mir vorgenommen, einen guten Teil der Strecke an der Weser zurückzulegen, weil das die Orientierung erleichtert.

Auf dem Weg zum Fluss stehe ich plötzlich vor dem Denkmal der Stadtmusikanten. Vier verzweifelte Tiere, die sich dereinst auf den Weg nach Bremen gemacht hatten, weil sie der Ansicht waren, etwas Besseres als den Tod könnten sie überall finden. Das stimmt mich nachdenklich. Die sogenannten Bremer Stadtmusikanten waren ja noch nicht mal bis Bremen gekommen, sondern hatten unterwegs ein Räuberhaus besetzt, und ihnen »gefiel's aber so wohl darin, daß sie nicht wieder heraus wollten«. Wenn die vier sich aufeinanderstellten, was sie häufig und gerne taten, erreichten sie fast eine Höhe von 3250 Zentimetern. Ich hoffe stark, dass ich etwas Besseres finden werde, zumindest den Friedehorstpark, dessen Name für mich allerdings einen leicht morbiden Klang hat.

In der Touristinformation heißt es, man habe noch nie von jemandem gehört, der zu Fuß von der Innenstadt auf den höchsten Berg steigen will. Man will mich sogar von meinem Vorhaben abbringen und schlägt mir lohnendere Ziele vor wie das Übersee- oder das Focke-Museum, auch eine Bootstour nach Worpswede sei eine sinnvolle Alternative. Dann will man mich auf die Mülldeponie nach Walle schicken, der Berg dort wachse beständig und habe möglicherweise eine Höhe von über 50 Metern erreicht.

Ich habe kein gutes Gefühl, als ich fünf Minuten später die Weser erreiche und an der Uferpromenade ausgerechnet Richtung Walle unterwegs bin. Nach einer Viertelstunde versperrt mir ein Gitter den Weg, dahinter erhebt sich das verlassene Gebäude der Kellogg's-Cornflakes-Fabrik. Die Versorgung der Menschen mit Cornflakes ist anscheinend zum Erliegen gekommen, und ich muss einen weiten Weg zurückgehen, bis mir der Einstieg in die Überseestadt gelingt, einem komplett neuen Stadtteil, der auf meiner vierzig Jahre alten

Karte noch nicht eingezeichnet ist, wie ich zu meinem Entsetzen feststellen muss. Durch Lagerschuppen, vorbei an Flüchtlingsunterkünften und einer Halle, in der die Terrakotta-Armee des chinesischen Kaisers ihren Unterschlupf gefunden hat, kämpfe ich mich langsam durch zur Nordstraße, und vorbei an der *Krokodil-Bar* führt mich der Weg auf den Friedhof von Walle, einer recht großen Grünfläche inmitten dichter Bebauung. Hier liegen sehr viele, die anscheinend nichts Besseres als den Tod gefunden haben, es gibt ein Denkmal für die Gefallenen der Bremer Räterepublik und ein vertrocknetes Ehrenfeld. Der Friedhof verfügt über mehrere Eingänge, aber nur einen Ausgang, und ich bin sehr froh, als ich den endlich finde. Ich passiere auf meinem Weg insgesamt sechs Friedhöfe, die Stadtmusikanten können sich glücklich schätzen, dass sie nie bis Bremen kamen.

Ich habe jetzt Gröpelingen erreicht, einen Stadtteil, in dem Handyshops, Döner-Restaurants, »Süpermärkte« und Nagel- und Friseurstudios das Bild der Landschaft prägen. Ich bleibe vor der Auslage eines deplatziert wirkenden Modellbaugeschäftes stehen und ertappe mich dabei, wie ich sehnsüchtig einen Spielzeugbus betrachte, denn inzwischen weiß ich, dass mich die Linie Nr. 90 problemlos nach Burglesum, in unmittelbare Nähe des

Friedehorstparks, bringen könnte. Doch ich widerstehe der Versuchung, denn wann hätte man je gehört, dass Reinhold Messner mit dem Bus auf den Nanga Parbat gefahren wäre.

Gröpelingen ist ein extrem lang gezogener Stadtteil, die Dönerkette will einfach nicht abbrechen, aber irgendwann lockert die Bebauung auf, Abenteuerspielplätze, kleinere Teiche und Schrebergärten tun sich hier entlang der Grambker Heerstraße auf. Vorbei an der farbenprächtigen *Spielhalle Kentucky* überquere ich auf einer großen Eisenbrücke die Lesum, einen lieblichen Fluss, in dem ich mich gerne nach Burglesum treiben lassen würde. Zwischen Feldern, Kuhweiden und Fluss führt ein pittoresker Weg nach Burglesum. Nach einem etwa fünfstündigen Anlauf beginnt nun tatsächlich der Gipfelaufstieg. Burglesum

macht einen wohlhabenden Eindruck, hier können sich die Menschen sogar einen Berg leisten. Von Normalnull geht es jetzt doch überraschend steil nach oben, ich überquere die Bahnlinie und, wie mir scheint, mindestens zum vierten Mal eine Autobahn und nähere mich dem Ortsausgang. Die Straße gehört schon zu Niedersachsen, aber links davon liegt eine letzte Bremer Enklave, der Friedehorstpark. Hier irgendwo muss sich die höchste natürliche Erhebung befinden, die allerdings nicht gekennzeichnet ist, weil sich Bremen offensichtlich für seinen 3250 Zentimeter hohen Gipfel schämt.

Etwa zwanzig Minuten irre ich durch den Park und werfe in der abendlichen Sonne einen immer längeren Schatten. Im hohen Gras entdecke ich zwei Hunde, deren Ohren auf dem Boden schleifen. Der Besitzer der beiden Bassets trägt ein Kiss-T-Shirt und erklärt mir, dass es irgendwo ein hölzernes Gipfelkreuz geben müsse, das allerdings immer wieder umfalle. Wir stellen den Friedehorstpark auf den Kopf, auch die Hunde scheinen die Gipfelkreuzwitterung aufgenommen zu haben, stöbern dann aber nur eine Rabenkrähe auf.

Ich rufe die *Pizzeria Da Ponte* in Burglesum an und bitte, mir eine Margherita auf den Gipfel von Bremen zu liefern. Doch der Trick verfängt nicht, eine ungehaltene Frauenstimme erklärt, das könne man von ihrem Fahrer nicht verlangen. Ich durchkämme den Park noch zweimal in wachsender Verzweiflung, betrete immer mal wieder niedersächsisches Territorium und muss irgendwann auch versehentlich über den Gipfel gelaufen sein.

Die hereinbrechende Nacht setzt meiner Expedition ein Ende, ich muss mich beeilen, damit ich den letzten Bus nicht verpasse, der mich zurück in die Ebene bringt. Etwas Besseres als den Tod habe ich wohl gefunden, aber ob es der höchste Berg von Bremen war, kann ich nicht mit Sicherheit sagen.

FRIEDEHORSTPARK
32,5 m

Start: Bremen, Bahnhofsvorplatz
Streckenverlauf: Von der Bahnhofstraße bis zur Uferpromenade. Flussabwärts über die Nordstraße durch den Waller Friedhof zur Waller Heerstraße. Über Gröpelinger Heerstraße, Oslebhauser Heerstraße und Grambker Heerstraße bis zur Lesum, hinter der Brücke links an der Lesum bis Burglesum, am Bahnhof vorbei in die Lesumer Heerstraße, rechts in den Holthorster Weg und bis zum Friedehorstpark.
Strecke: 16 km
Dauer: 3,5 h
Höhendifferenz: 32,5 m

6. STATION
HASSELBRACK

IM REICH DER RIESENEULE

Sofort nach meiner Ankunft am Bahnhof Hamburg-Harburg wird es gefährlich. Der einheimische Führer, der sich ungefragt meiner angenommen hat, will mir unbedingt den Punkt zeigen, »wo der ganze Terror« losging. Minuten später stehe ich vor der Hausnummer 54 in der Marienstraße. Jeder in Harburg weiß, dass hier die berüchtigte »Hamburger Zelle« gewohnt hat, also Mohammed Atta und seine Freunde. Mir ist nicht bekannt, ob sie jemals auf den höchsten Berg von Hamburg gestiegen sind, den sie zu Fuß in gut drei Stunden hätten erreichen können. Sie waren wohl mit anderen Dingen beschäftigt.

Doch Harburg hat nicht nur Terror zu bieten, wie mein selbst ernannter Bergführer betont. Zum Beispiel »Niemandes Land«. Ein unkrautüberwuchertes Stück Rasen unterhalb des Alten Friedhofs, das niemandem gehört, von niemandem bebaut und auch nicht gepflegt werden darf. So hat das der Künstler verfügt, wie mich mein Führer informiert, der sich als Herr Tietz vorgestellt hat und sich nicht mehr abschütteln lässt. Er kennt sich hier »akkurat« aus, gibt sich dennoch etwas überrascht, als ich ihm erkläre, ganz in der Nähe sei der höchste Berg Hamburgs. Vom Hasselbrack hat er noch nie gehört, aber nachdem er auf meiner Wander- und Freizeitkarte die genaue Lage der eindrucksvollen Erhebung gesehen hat, glaubt er, schon oft in der Gegend gewesen zu sein. Mit Sicherheit kennt er aber das *Berghotel Hamburg Blick*, das mir als Basislager dienen soll, weil er da mal mit seiner Mutter Kaffee getrunken hat.

Vorbei am Außenmühlenteich arbeiten wir uns beständig Richtung Schwarze Berge voran, in denen sich der Hasselbrack versteckt hält. Am Ortsausgang von Harburg, fast auf Höhe der Revierförsterei, bin ich kurz davor, mich zu einem kleinen Abstecher nach Tötensen überreden zu lassen, denn dort wohnt Dieter Bohlen, der Poptitan von Deutschland, und Herr Tietz weiß angeblich genau, »wo das Haus von dem da ist«. Doch ich befürchte, dass wir den Hasselbrack nicht mehr im Hellen bezwingen werden, wenn wir noch Dieter Bohlen besichtigen.

Deshalb lasse ich sogar das Freilichtmuseum Kiekeberg links liegen, wo man Ramelsloher Hühner und die Bunten Bentheimer Schweine bewundern kann, die erst »nach einem glücklichen Leben im Museum« geschlachtet werden. Ich frage Herrn Tietz, ob es nicht viel grausamer ist, wenn man nach einem glücklichen Leben geschlachtet wird als nach einer qualvollen Zeit in der Intensivmast.

Aber bevor es zu philosophisch wird, steuere ich entschlossen den Wulmsberg an, auf dessen Gipfel sich das erwähnte Basislager befindet. Vorher muss noch eine Sensation besichtigt werden: Gegenüber der Auffahrt zum Hotel steht auf dem Parkplatz des *Steak House Grando Sukredo* die größte geschnitzte Eule der Welt.

Sieben Meter hoch erhebt sich das fünfzehn Tonnen schwere Werk des österreichischen Künstlers Erich Gerer. Sieben Monate hat er daran geschnitzt, für jeden Meter einen

Monat. Die Eule bereitet den Wanderer auf den höchsten Gipfel Hamburgs vor, der nur 109 Meter höher als der hölzerne Vogel und vor allem unter ornithologischen Gesichtspunkten bemerkenswert ist. Davon später mehr.

Tatsächlich hatte man vom 74 Meter hohen Wulmsberg vor sehr vielen Jahren, als das Berghotel noch Sennhütte hieß, einen sehr guten Blick auf Hamburg. Jetzt erkennt man immerhin noch einige Windräder, und ein Containerschiff schiebt sich bedächtig den Horizont entlang.

Es gibt kaum einen Ort, der weniger mit dem Hamburg zu tun hat, das man gemeinhin so kennt: keine Reeperbahn und kein Musicaltheater, sondern fast berauschend duftende Kiefernwälder, in die tollkühne Menschen Behausungen mit Garagen, Mülltonnen und Briefkästen gebaut haben. Die Dame an der Hotelrezeption begreift bis heute nicht, wie man dafür eine Genehmigung bekommen konnte.

Herr Tietz besteht auf einer Tasse Kaffee und einem Stück Obstkuchen, »sonst packen wir das nie«, und dann beginnt der Aufstieg. Es riecht nach Harz und Kiefernnadeln, und man glaubt, man ist in Schweden oder auch in der Senne bei Augustdorf. Die Luft atmet sich leicht, und der sandige Weg führt kurvenreich auf- und abwärts an versteckten Tümpeln vorbei. Ein Schwarzspecht kreuzt den Weg und macht sich geräuschvoll an einer Fichte zu schaffen, hoch in der Luft segelt ein Rotmilan.

Der Hasselbrack kann nicht mehr weit entfernt sein, allerdings ist er ganz bewusst nicht ausgeschildert. Dort oben brütet nämlich der Raufußkauz, eine kleine, relativ seltene Eulenart, die nicht durch lärmende Gipfelstürmer gestört werden soll. Der *Kosmos Naturführer* informiert: »Der Reviergesang des Männchens ist eine schnelle Folge von fünf bis sieben wohltönenden u-Lauten, die den Tönen einer Okarina ähneln.«

Ich habe mich sicherheitshalber vorab informiert, was eine Okarina ist und welche

Töne man auf ihr erzeugen kann, damit ich den Raufußkauz auch erkenne, falls er anfängt zu singen. Das Weibchen kann man hingegen aus der Bruthöhle locken, wenn man am Baum kratzt, heißt es in der Fachliteratur. Allerdings müsste man erst einmal den Gipfel finden. Herr Tietz kann sich vorstellen, dass wir hinter der nächsten Biegung links abbiegen müssen und dann einfach immer nach oben. Oder vielleicht wäre es doch sinnvoller, dem wildwechselbreiten Pfad nach rechts zu folgen?

Nach einigen Anläufen stolpern wir fast über den recht eindrucksvollen Stein, den die Stadt hier aufgestellt hat. Mit hanseatischem Understatement ist nicht vom Gipfel, sondern vom »höchsten Punkt Hamburgs« die Rede. In einer vergrabenen Metallkassette findet sich das Gipfelbuch, aus dem hervorgeht, dass hin und wieder doch eine Person den Weg ins Raufußkauzbrutrevier findet. Herr Tietz beginnt, hektisch an einigen Bäumen zu kratzen, während ich auf die einschmeichelnden Klänge der Okarina warte. Es zeigt sich aber, dass sich niemand zeigt. Vielleicht ist es die falsche Tageszeit, oder der Vogel fühlt sich belästigt. Im Eulenbuch heißt es dazu lapidar: »Das Feindverhalten des Raufußkauzes besteht in erster Linie aus einer ausgeprägten Feindvermeidung.« Wir genießen die Stille in diesem Niemandsland am Rande der Metropole, holen tief Luft und beginnen mit dem unkomplizierten Abstieg. Beim Schwarzspecht halten wir uns rechts und kehren nach einer guten Stunde erschöpft, aber glücklich ins Basislager neben der hölzernen Rieseneule zurück, wo wir uns mit einem Holzfällersteak für die Strapazen des Aufstiegs belohnen.

HASSELBRACK
116 m

Start: Endhaltestelle Bus Nr. 240, Siedlung Waldfrieden
Streckenverlauf: Am Friedhof geht es vorbei nach Süden in Richtung des Moisburger Steins. Da es keine Beschilderung gibt, muss man sich mit Kompass und GPS behelfen oder bereit sein, geduldig zu suchen.
Die Koordinaten sind 53°25'49"N, 9°51'50"O.
Strecke: 7,1 km
Dauer: 1,5 h
Höhendifferenz: 82 m

7. STATION
BUNGSBERG

DIE SCHNEEHÖLLE
SCHLESWIG-HOLSTEINS

Bungsberg? »Nein, sagt mir jetzt überhaupt nichts, wir wohnen erst seit zwanzig Jahren hier.« Der ältere Herr in der Tankstelle mit angeschlossener Dorschräucherei in der Nähe von Husum wirkt ratlos. Seine Frau hat aber eine Ahnung. »Das ist doch da Richtung Kalifornien, da sind wir mit dem Verein mal hin und haben am Hessenstein zu Abend gegessen.« Das Gespräch beginnt unübersichtlich zu werden. Hessenstein? Wir sind doch in Schleswig-Holstein. Und was meinen die mit Kalifornien? Ein Freund hatte mich gewarnt und gesagt, die hätten da oben einen ganz speziellen Humor. Der Bungsberg scheint dazuzugehören. Endlos weit dehnt sich die flache friesische Landschaft. Von Bergen naturgemäß keine Spur. Am Abend treffe ich Ernst Kahl, den Maler und Alpinisten, der hier aufgewachsen ist. Der Bungsberg ist ihm »selbstverständlich« bekannt, aber er geht merkwürdigerweise nicht weiter darauf ein, sondern fragt unvermittelt: »Kennst Du denn den Pilsberg?« Und plötzlich ist wieder vom geheimnisvollen Hessenstein die Rede, ein neogotischer Aussichtsturm, den man auf den zweithöchsten Berg des Landes gebaut hat. »Da musst Du unbedingt hin«, sagt Kahl und deutet auf ein Ausstellungsplakat des »Deutschen Kunstvereins in Melbourne, Australia«, auf dem neun Ansichten des Turms zu sehen sind, möglicherweise gemalt von Alfred Kubin, Christo oder Joseph Beuys.

Ich beziehe mein Nachtquartier in der Nähe von Rendsburg. Ein kleines Hotel mit angeschlossenem Restaurant. Man hatte mir vor dem Aufbruch zu meiner nördlichsten

Gipfelexpedition geraten, mich für die gesamte Zeit mit Vorräten einzudecken, denn die Küche in Schleswig-Holstein sei gewöhnungsbedürftig und nichts für schwache Mägen. Zitternd probiere ich vom Eisflunderfilet mit Bandnudeln und zucke zurück. Es schmeckt hervorragend. Was ist hier los in Rendsburg? Auch die Weinkarte lässt keine Wünsche offen, es dominieren exzellente Tropfen aus Rheinhessen. Nach drei Gläsern sinke ich in einen traumlosen Schlummer und erwache am nächsten Morgen in ungewöhnlicher Stille.

Die noch am Vorabend stark befahrene Bundesstraße vor meinem Fenster ist von einer geschlossenen Schneedecke bedeckt, die Autos gleiten fast lautlos darüber hinweg. Das Land ist nicht wiederzuerkennen. An der Rezeption bestätigt man mir noch einmal, dass ich mich Richtung Kalifornien halten soll, »da können Sie nichts falsch machen«.

Durch ein ständig dichter werdendes Schneetreiben kämpfe ich mich über kaum befahrene Straßen und durch menschenleere Dörfer vorwärts, und nach einer Stunde Autofahrt bin ich in Kalifornien. Es pfeift ein unangenehmer, scharfer Wind, eine alte Frau hält sich mit einer Leine an ihrem riesigen Hund fest. Ich setze meine Waschbärenfellmütze auf, erklimme eine deichartige Anhöhe und stehe am Strand der Ostsee, die wohl in wenigen Stunden zufrieren wird. Kalifornien gehört zur Gemeinde Schönberg im Kreis Plön. Das Schneetreiben hat nach kurzer Pause wieder eingesetzt, man sieht vielleicht hundert Meter weit. Für einen kurzen Moment bilde ich mir ein, ich hätte ein Schild gesehen mit der Aufschrift »Willkommen in der Holsteinischen Schweiz«. Anscheinend ein Beispiel für den typischen Humor der Norddeutschen. Allerdings kommt es mir tatsächlich vor, dass es munter bergauf und bergab geht, aber jedes Raum- und Zeitgefühl ist längst verloren gegangen.

Als ich einem Bofrost-Lieferwagen ausweiche, zieht ein Hinweisschild vorbei: »Hessenstein«. Ich füge mich in das anscheinend Unvermeidliche und stehe zehn Minuten spä-

ter vor der Tür eines Aussichtsturms. Einer Informationsschrift entnehme ich: »Für den Aufstieg auf den 17 Meter hohen Turm mit seinen 111 Stufen werden Sie mit einer tollen Aussicht belohnt: Bei schönem Wetter und klarer Sicht reicht der Panoramablick vom Bungsberg zu den Kränen der Kieler Werften, bis Fehmarn und sogar quer über die Ostsee bis zu den dänischen Inseln. Bitte halten Sie eine 1-Euro-Münze für den Eintritt durch die Drehtür bereit!«

Mit erfrorenen Fingern ziehe ich ein Geldstück aus dem Portemonnaie und werfe es in den Münzschacht an der mächtigen Drehtür. Die Mechanik ist überraschenderweise nicht eingefroren, und ich erklimme die erste von 111 Stufen. Oben angekommen, erwartet mich eine unvergessliche Aussicht. So weit das Auge reicht – und es reicht immerhin fünfzig Meter weit –, ist alles tief verschneit. Auch hier oben schneit es.

Die gravitätischen Kräne der Kieler Werften sind nicht zu sehen, und schon gar nicht der Bungsberg, jene höchste Erhebung dieses wilden, abweisenden Landstrichs. Irgendwo im Süden muss er liegen, der knapp 168 Meter hohe Berg, der sogar über einen Skilift verfügen soll. Die Abfahrt dauert, so heißt es in alten Schriften, 25 Sekunden. Im Schutz eines Streusalztransporters gelange ich eine Stunde später nach Schönwalde, in die Ortschaft am Fuße des majestätischen Bungsbergs, dessen Gipfel sich irgendwo in den Wolken verbirgt.

Der Weg scheint ins Nichts zu führen. Die gewählte Ostroute ist fast durchgängig asphaltiert, aber noch nicht gestreut – lebensgefährlich. Das Schneetreiben wird dichter, die sprichwörtliche Hand vor den Augen ist gerade noch zu erkennen, der Weg nicht mehr. Meine größte Angst ist, dass ich den Gipfel verfehlen könnte. Ich bekomme nur schwer Luft, der Höhenmesser zeigt 152,1 Meter, es sind also noch immer knapp sechzehn bis zur Spitze.

Dann reißt der Himmel plötzlich auf, und das Gipfelplateau breitet sich vor mir aus. Leider, muss man sagen, denn diese zusammenhanglose Ansammlung von Gebäuden hätte ich nicht unbedingt sehen müssen. Ein Fernmeldeturm, ein Restaurant, ein Nachhaltigkeitszentrum der Sparkasse, drei Hütten, in denen Kinder mit der Natur vertraut gemacht werden, und der baufällige historische Elisabethturm.

170 Meter nördlich liegt der eigentliche Gipfel, den man mit einem grabsteinartigen Gebilde markiert hat. Das Blut pulsiert in meinen Adern, ich bin wie im Rausch. Höher kann man in Schleswig-Holstein nicht kommen. An schönen Tagen sieht man die Ostsee,

an den übrigen 355 Tagen nicht. Deutlich spüre ich hier und jetzt im heulenden Wind, dass der Bungsberg ein Überbleibsel der Saaleeiszeit ist. Gletscher aus Skandinavien haben ihn hierhergeschoben, damit man ihn vom Hessenstein aus sehen kann. Schleswig-Holstein läge heute überhaupt größtenteils unter Wasser, wenn dienstbare Gletscher nicht jede Menge Gestein zurückgelassen hätten.

Es wird Zeit, an den Abstieg zu denken, der Mensch darf sich nicht zu lange in solchen Höhen aufhalten. Eine Stunde später sitze ich in einem gut geheizten Restaurant bei einem Fläschchen Aquavit mit Matjeshering und frage mich, ob ich das wirklich alles erlebt habe.

BUNGSBERG
167,4 m

Start: Parkplatz an der L216 nördlich von Schönwalde.
Basislager: *Forsthaus Hessenstein* in Panker, 25km vom Bungsberg entfernt; hervorragendes Essen.
Gipfeleinkehr: *Waldschänke*, Fr. bis So. und an Feiertagen von 11 bis 17 Uhr.
Streckenverlauf: Kurzaufstieg vom Parkplatz Gläserland an der L216 zwischen Schönwalde und Hansühn. (Für Eilige: Man kann mit dem Auto nach oben fahren und hat vom Parkplatz zum Gipfelstein noch knapp 200 m Fußweg.)
Strecke: 1 km
Dauer: 30 min
Höhendifferenz: 60 m

NICHT JEDEN RUFT DER BERG

Berge haben für mich etwas Bedrohliches. Sie kommen oft in unangenehmen Zusammenhängen vor. Man hat Berge von Wäsche zu waschen, schiebt einen Berg von Arbeit vor sich her oder muss Berge von Post beantworten. Natürlich gibt es auch Gipfel der Lust und des Ruhms, aber da hält man sich nur kurz auf, und viele stürzen ab, bevor sie ganz oben sind. Gerhard Polt lernte von seiner Mutter die schöne Volksweisheit: »Berge von unten, Kirchen von außen, Wirtshäuser von innen«. Doch trotz aller Warnungen üben Berge eine starke Anziehung aus, besonders auf den, der sie von unten betrachtet. Die höchsten Erhebungen meiner Heimat heißen Totenkopf (502 m), Köterberg (495 m), Schweinskopf (481 m) und Velmerstot (464 m). Der höchste Berg meiner Geburtsstadt Bielefeld trägt den schönen Namen »Auf dem Polle« und bildet mit 320 Metern die höchste Erhebung des Ravensberger Hügellands. Es mag also an meiner Abstammung aus einem alten Hügelvolk liegen, dass ich zu Bergen eher ein problematisches Verhältnis habe. In meiner Kindheit war das noch anders. Seit meinem achten Lebensjahr sah ich an jedem ersten Januar im häuslichen Schwarz-Weiß-Fernseher zunächst das Neujahrskonzert der Wiener Philharmoniker und dann das Neujahrsskispringen der Vierschanzentournee. Ich machte jeden Sprung vor dem Fernseher mit. Zuerst ging ich in die Hocke, korrigierte manchmal noch leicht die Richtung und dann, beim Abheben des Sportlers vom Schanzentisch, richtete ich mich explosionsartig auf, legte die Arme eng am Körper an, den ich so schräg wie möglich stellte, und landete dann unter dem Jubel der Zuschauer mit einem sauberen Telemark. Ich konnte das zwei Stunden durchhalten, ohne mich im Geringsten zu langweilen, und dabei lernte ich nebenbei exotische Namen wie Bjørn Wirkola, Jiří Raška oder Sepp Schwinghammer. Leider machte ich dreißig Jahre später den Fehler, meinen Platz vor dem Fernseher zu verlassen und mich tatsächlich dem Schrecken der Berge auszusetzen. Ich war Familienvater geworden und damit praktisch gezwungen, in den Skiurlaub zu fahren. Es ließ sich zunächst harmlos an. Die Kinder lernten Snowboard, die Ehefrau wedelte die Hänge hinunter, und ich ging zufrieden in der winterlichen Berglandschaft von Garmisch-Partenkirchen spazieren, bis mir ein älteres Paar begegnete. Die Frau blickte mich missbilligend an und sagte kopfschüttelnd: »So jung und schon zu Fuß?« Diese Demütigung brach meinen Widerstand, und ich meldete mich noch am selben Tag zu einem Skikurs für Anfänger, um mir solche Frechheiten nicht noch einmal anhören zu müssen. Der Lehrer hieß, wie nicht anders zu erwarten, Schorschi und behauptete, bei ihm habe noch jeder das Skifahren gelernt. Am Ende des ersten Tages konnte ich tatsächlich einen Hügel unfallfrei heruntergleiten, der mit bloßem Auge nicht zu erkennen war. Unten angekommen, fiel ich vor Entkräftung um und weigerte mich, jemals wieder Ski zu laufen. Meine Kinder schämten sich schrecklich und verlangten, sofort zur Adoption freigegeben zu werden.

Ich weiß, dass ich nicht der Einzige bin, der in den Bergen Probleme hat. 218 v. Chr. wollte Hannibal die Alpen mit 37 Elefanten überqueren, das Unternehmen scheiterte dramatisch, nur ein Tier mit Namen Suru soll überlebt haben. Heute ist man von dieser Technik weitgehend abgekommen und verwendet Autos mit Schneeketten. Ich würde, ehrlich gesagt, lieber auf einen Elefanten zurückgreifen, denn schon der Klang des Wortes Schneekette verursacht bei mir Schüttelfrost. In meinem Keller lagern insgesamt vier Packungen mit Schneeketten, und auf jeder findet man die Behauptung: »leichte Montage«. Niemals liest man die Worte »unverständliche Bedienungsanleitung« oder »extrem schwierig aufzuziehen«, obwohl mir das sofort Vertrauen einflößen würde. Meine ersten Schneeketten legte ich noch vor Reisebeginn im Wohnzimmer aus. Ich rief sofort beim Hersteller an, weil zwei fehlten, und erfuhr auf diese Art und Weise, dass man nur die Antriebsräder in Ketten legt. Es ist übrigens gar nicht so leicht herauszufinden, welche Räder das Auto eigentlich antreiben, weil sich meistens alle vier bewegen. Ich machte mich also mit den Ketten vertraut, verband die roten Enden miteinander und dann die blauen und die gelben und schließlich die schwarzen, was problemlos funktionierte, denn es war ja kein störender Autoreifen dazwischen. Zwei Tage später lag ich weinend in Graubünden in einer Schneewehe, nachdem ich eine halbe Stunde lang vergeblich versucht hatte, die Ketten in tiefer Finsternis über die Räder zu stülpen.

Abgesehen von Schneeketten drohen in den Bergen noch viele andere Gefahren. In regelmäßigen Abständen stößt man auf Hütten in Hanglage, wo sich der Skifahrer mit bizarren Getränken wie Jagatee und ohrenbetäubender Musik versorgen lassen kann, die er oft minutenlang entbehren musste. Historiker glauben, dass Hannibal vor allem deshalb mit großen Schwierigkeiten zu kämpfen hatte, weil damals der Nachschub mit Jagatee stockte.

Die Alpen sind übrigens relativ ungleich auf verschiedene Länder verteilt. Die Schweiz besteht fast nur aus Alpen, Liechtenstein sogar zu 100 Prozent, Österreich wird gerne als Alpenrepublik tituliert, obwohl es sehr große Anteile von Nichtalpenland enthält. Deutschland hat im Vergleich zum Gesamtterritorium nur wenig Alpenanteil, immerhin gehört die Zugspitze dazu. Sie ist zwar noch nicht mal 3000 Meter hoch, aber ganzjährig bewirtschaftet. Bevor die Alpen anfangen, kommt das Voralpenland, das besser Bevoralpenland heißen sollte, und davor das Vorbevoralpenland, zu dem alles gerechnet wird, was nicht zum Voralpenland gehört. Zwar sagt niemand, dass Lübeck im Vorbevoralpenland liegt, aber irgendwann setzt sich das bestimmt durch. Die Alpen haben den höchsten Schneeverbrauch in Europa, die größte Skiliftdichte und den niedrigsten Wanderdünenbestand. Tiere kommen, der Umgebung entsprechend, meist in sehr harter Form vor, beispielsweise als Steinadler oder Alpensteinbock. Immer häufiger trifft man auf Problembären, deren

Verhalten noch wenig erforscht ist. Der Schnee-Elefant beherrscht die Tarnung so gut, dass man noch nie ein Exemplar gefunden hat.

Trotz meiner Bergängste habe ich in meinem Leben einige Gebirge nicht nur von unten gesehen: das Elbsandsteingebirge, die Rhön, das Wiehengebirge und natürlich den Taunus, zu dessen Füßen ich wohne. Ich schaffe es immerhin, an einem Tag fünf Taunusgipfel ohne Sauerstoffmaske zu bezwingen, neben der Goldgrube auch den Lindenberg, den Sandplacken, den Herzberg und den Bleibeskopf. Zwei dieser Gipfel sind recht ordentlich bewirtschaftet, der Presskopf auf dem Herzberg lohnt den Aufstieg allemal. Ich würde es übrigens auch mit Sauerstoffmaske machen, wenn ich dafür angemessen von einem Sauerstoffmaskenhersteller bezahlt würde.

Auch einen Schicksalsberg gibt es in meinem Leben, und das sind die Alpillen, die zu Saint-Rémy de Provence gehören, wo sich Vincent van Gogh wegen seiner Geisteskrankheit behandeln ließ. Auch ich befand mich vor vielen Jahren mental in einer bedenklichen Verfassung, als mir meine damalige Freundin erklärte, sie sähe für uns keine Zukunft. Da waren wir gerade auf Fahrrädern unterwegs nach Les Baux, einer spektakulären Felsenstadt auf dem Plateau der Alpillen. Sie fuhr ein Rennrad mit 21 Gängen, ich ein simples

Tourenrad aus ostwestfälischer Nachkriegsproduktion mit einem Gang, das vollkommen ungeeignet für den Aufstieg war. Doch in meiner Wut und Verzweiflung fuhr ich wie entfesselt den Berg hoch und wartete oben eine halbe Stunde in einem Café auf die Freundin. Diese sowohl spektakulär als auch triumphal gewonnene Bergetappe veränderte ihren Blick auf mich und unsere Beziehung entscheidend. Auf einmal sah die Freundin wieder eine Zukunft für uns und wurde kurze Zeit später sogar die Mutter meiner Kinder. Diese Kinder waren dann allerdings der Grund dafür, dass ich, wie schon erwähnt, in höheren Lagen häufiger in Schwierigkeiten geriet und ungeheuren Demütigungen ausgesetzt war. Man kann in den Bergen eben nicht vorsichtig genug sein.

8. STATION
HELPTER BERGE

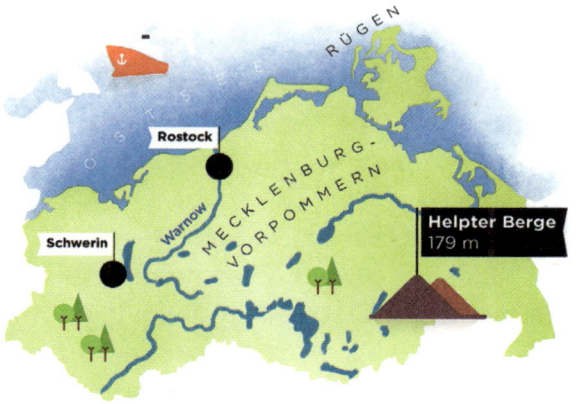

WILLKOMMEN AUF DEM MOSKITO-MOUNTAIN

Man wird in seinem Bekanntenkreis kaum jemand finden, der den Helpter Berg bestiegen hat, und man wird noch viel weniger Menschen finden, die man damit beeindrucken kann, dass man selber den höchsten Gipfel Mecklenburg-Vorpommerns bezwungen hat.

Dabei bringt es der Helpter Berg, ganz in der Nähe von Helpt, immerhin auf 179,2 Meter. Er liegt versteckt unweit des brandenburgischen Zipfels, einer traumhaft schönen Landschaft, in der die Menschen stark berlinern, falls man überhaupt mal einen trifft. Statistisch leben auf jedem Quadratkilometer 69 Mecklenburger, aber es kann sein, dass die alle gerade nicht da sind, wenn man mal vorbeikommt. Man braucht von Berlin mit Umstieg in Pasewalk über zwei Stunden, bis man im uckermärkischen Strasburg den Zug verlassen und am mit Brettern vernagelten historischen Bahnhof Richtung Stadt aufbrechen kann.

Es geht vorbei am »Cholera-Kreuz« und dem Mahnmal für die Toten zweier »imperialistischer Kriege«. Wer heute einen Platz zum Sterben sucht, ist in Mecklenburg-Vorpommern jedoch nicht gut aufgehoben: denn es ist das »Land zum Leben«. Jedenfalls wenn es nach der Marketingabteilung der Staatskanzlei geht.

Etwas ratlos stehe ich in Strasburg vor einer Backsteinfassade, auf der die Worte »Futter und Meh…« zu lesen sind. Lange halte ich es für ein Wortspiel, das auf Ziegenbedarf hinweisen soll, bis mir klar wird, dass wohl das »r« heruntergefallen sein muss. Nur wenige Schritte weiter steht der historische Wasserturm, in dem sich ein Hotel und ein griechisches Restaurant befinden, für heute mein Basislager.

Als ich das Restaurant betrete, verlässt der einzige Gast hastig den Raum, und ich bin allein mit einem akzeptablen Zaziki und einer Karaffe Wein. Nach einer halben Stunde stehe ich mit dem Hilfskoch und einem Ofensetzer, die mir Land und Leute zu erklären versuchen, vor dem Wasserturm. Es mündet schließlich in den Satz: »Weeßte, wir ham hier eigentlich alles, aber wir machen nüscht draus.« Dass wir dann gegen Mitternacht tatsächlich noch unter Führung des Kochs mitten durch das Wohnzimmer des Gastwirts gestolpert und auf den Turm gestiegen sind und ich von dort erstmals den Helpter Berg gesehen habe, kann ich heute kaum glauben. Ich kann mich aber an eine Stimme erinnern, die sagt: »Das Dunkle da hinter den Windrädern, das müsste er sein.«

Ich teile mein Zimmer mit mehreren Mücken, die immerhin in verschiedenen Tonlagen gestimmt sind, und fühle mich beim Erwachen etwas ausgesaugt. Der Mann an der Rezeption leiht mir das Fahrrad seiner Tochter, damit ich die Umgebung erkunden kann. Unter dem grau verhangenen Himmel macht die Gegend zunächst einen niederschmetternden Eindruck. Das könnte daran liegen, dass nicht weit von hier in Klein Luckow Max Schmeling geboren wurde, der erste deutsche Weltmeister im Schwergewicht.

Die Fahrt zu seinem Geburtshaus führt durch eine von der letzten Eiszeit geradezu vorbildlich abwechslungsreich geformte Landschaft, in der sich die Felder in Wellen bis zum Horizont ergießen, unterbrochen von Hecken und kleinen Wäldern. In jedem Dorf ein kleiner Weiher mit einem Schwan, in jedem zweiten nistet ein Weißstorch, und als ich kurz vor Rosenthal durch ein kleines Wäldchen fahre, bekomme ich sogar den Schwarzstorch zu Gesicht. Von einer Plakatwand lerne ich: »Die Landwirte in Mecklenburg-Vorpommern ernähren auch Dich.«

Es gibt in Klein Luckow neben dem Geburtshaus von Max Schmeling in der Max-Schmeling-Straße nur wenige Häuser. Es gibt auch keine andere Straße außer der Max-Schmeling-Straße. Auf dem Dorfplatz, an der Spitze eines Mastes, prangt das obligatorische

Storchennest. Ein Mann fegt die vor Hitze flimmernde Straße und erklärt mir ungefragt, das da oben sei der Enkel des Storchs, der damals Max Schmeling gebracht hätte. Ich spüre, es wird höchste Zeit, den Helpter Berg zu besteigen, damit ich den Überblick nicht verliere, und lenke das Fahrrad durch herrliche Alleen und Felder voller Mohnblumen zurück nach Strasburg.

Dem höchsten Berg des Landes kann man sich von Osten über Groß Daberkow oder von Süden über die sehenswerte Mühlenstadt Woldegk nähern. Von Norden startet man in Helpt, freut sich über die vielen Wunder der Backsteingotik und geht die ruhige Landstraße entlang, bis man, kurz vor dem Sendemast der Post, zu einem relativ unauffälligen Schild mit der Aufschrift »Helpter Berg« gelangt. Der Sendemast überragt den Berg um fast 30 Meter, scheint aber eher eine unnatürliche Erhebung zu sein. Mit viel gutem Willen ist am Feldrand ein Weg zu erahnen, er macht allerdings den Eindruck, als sei hier seit Monaten niemand mehr entlanggelaufen. Nach etwa dreihundert Metern ist der Waldrand erreicht, und eine Art Aufstieg beginnt.

Der Weg ist jetzt deutlicher zu erkennen, aber ob es der richtige ist, kann man nicht sagen. Erdgeschichtlich wäre es korrekter, von »Helpter Bergen« zu sprechen, denn es handelt sich um einen zusammenhängenden Höhenzug, den die unvermeidliche Eiszeit gestaucht hat. Der Weg schraubt sich durch den Wald hinauf, und irgendwann taucht tatsächlich ein Hinweisschild auf.

Die Aufschrift *Helpter Berg* deutet darauf hin, dass es jetzt nicht mehr weit sein kann, und tatsächlich stehe ich eine Minute später vor dem schmiedeeisernen Gipfelkreuz. Die evangelische Gemeinde Woldegk hat hier ein Gipfelbuch deponiert und den Ratgeber für *Gespräche mit Gott*. Die gestalten sich aber schwierig, weil sich ausgerechnet hier oben, auf 179,2 Metern Höhe, sämtliche Mücken Mecklenburgs (abgesehen von den dreien aus dem Hotel in Strasburg) versammelt haben und den Bergsteiger, der eigentlich ehrfurchtsvoll vor dem Kreuz verharren wollte, in einen wild fuchtelnden und fluchenden Insektenjäger verwandeln.

Trotzdem gelingt mir noch ein kurzer, vielleicht etwas zu kritischer Eintrag ins Gipfelbuch. Aber hier fehlt wirklich der Aussichtsturm. Dann hätte vielleicht auch ich sehen können, was der Strasburger Bürger Günter Schulz fast siebzig Jahre vor mir erblickte: »In weiter Runde duckten sich die Dörfer in die Geborgenheit ihrer Gärten, die Städte waren nur noch kleine rote Inseln. Dahinter im Norden griff der silberne Widerschein der Ostsee bis in den blauen Himmel hinein; man sah den Rauch der Dampfer, die dort ihre Bahn zogen.« Ob man das damals wirklich sehen konnte oder ob der Mann Drogen genommen hatte, kann ich natürlich nicht beurteilen.

Nach der enttäuschenden Gipfelerfahrung beziehe ich mein Quartier im nahen Schloss Rattey, lasse mich von den Landwirten Mecklenburg-Vorpommerns ernähren und entschädige mich für die Strapazen der Besteigung mit vielleicht etwas zu vielen edlen Tropfen aus dem nördlichsten Weinanbaugebiet auf dem deutschen Festland.

HELPTER BERG
179,2 m

Start: Woldegk, Mühlenmuseum, Parkplatz
Streckenverlauf: Richtung Woldegk auf dem Mühlendamm wandern. Am früheren Bahndamm links, am historischen Bahnhof rechts und danach links in die Landestraße einbiegen. Wo der Bahndamm auf einen Feldweg trifft, hält man sich links und wandert zum Wald in Richtung Norden, bis man oben das Gipfelkreuz gefunden hat. Oder man folgt der Straße von Helpt nach Woldegk bis zum Hinweis »Helpter Berg«.
Strecke: ca. 14 km
Dauer: 4 h
Höhendifferenz: ca. 70 m

9. STATION
GROSSER MÜGGELBERG

HAUPTSTADTGIPFEL

Die höchste natürliche Erhebung der natürlichen Hauptstadt Deutschlands ist vergleichsweise niedrig. Mit 114,7 Metern würde der Große Müggelberg im Harz oder gar in den Alpen überhaupt nicht auffallen, wahrscheinlich hätte er noch nicht mal einen Namen. Aber hier in Berlin haben sie keinen besseren, und schon gar keinen höheren. Man muss auch bedenken, dass er sich praktisch von null auf 114 Meter emporschraubt, bei entsprechend ambitioniertem Tempo kommt man durchaus ins Schwitzen.

Und man kann ihn auf dem Wasserweg erreichen, also es ist möglich, mit dem Boot bis zum Fuß des Großen Müggelbergs zu fahren. Von Treptow aus geht die Reise auf der Spree mit einem Dampfer namens *Luna* vorbei an Köpenick bis zum Müggelsee. Schon bei der Einfahrt in den größten See Berlins blickt man direkt auf das gemäßigt mächtige Bergmassiv, das sich direkt aus dem märkischen Sand emporhebt.

Theodor Fontane beschreibt es 1862 in den *Wanderungen durch die Mark Brandenburg* so: »Inmitten des quadratmeilengroßen Wald- und Inseldreiecks, das Spree und Dahme kurz vor ihrer Vereinigung bei Schloß Köpenick bilden, steigen die ›Müggelsberge‹ beinah unvermittelt aus dem Flachland auf. Sie liegen da wie der Rumpf eines fabelhaften Wassertieres, das hier in sumpfiger Tiefe zurückblieb, als sich die großen Fluten der Vorzeit verliefen.«

Vom Schiff sieht es weniger beeindruckend aus, der Mann am Lautsprecher gibt die Höhe des Berges mit nur 113,7 Metern an, und ich würde auch sagen, höher ist der auf keinen Fall. Anscheinend war es gar nicht so leicht, den Berg zu vermessen. Johann Jacob Baeyer ermittelte im September 1846 durch trigonometrisches Nivellement eine Höhe von 114,51 Metern. In der DDR war der Große Müggelberg 115,4 Meter hoch, weil der inzwischen volkseigene Gipfel anscheinend gewachsen war. 2006 ermittelte das Vermessungsamt Treptow-Köpenick die enttäuschende Höhe von 114,7 Metern über Normalhöhennull, durch die erodierenden Wirkkräfte des Kapitalismus war der Berg um 70 Zentimeter geschrumpft, konnte aber wenigstens diese Höhe bis heute halten.

Am Anleger hat man die Möglichkeit, sich im Basislager *Restaurant Rübezahl* ordentlich für den Aufstieg zu stärken. Auf meine Frage, ob er den Kartoffel-Gurken-Salat empfehlen könne, sagt der erfrischend ehrliche Mann an der Essensausgabe: »Also meen Fall wär dit nich, wa?« Ich entscheide mich für frischen Backfisch, der tatsächlich vor meinen Augen frisch aus der Fritteuse gezogen wird und zusammen mit besagtem Salat und Remoulade

bis zum nächsten Morgen vorhält. Eine sehr empfehlenswerte Mahlzeit für Extremkletterer. Nach der unfallfreien Überquerung der viel befahrenen Straße nach Erkner betritt man durch einen prächtigen Holzbogen das Reich der Müggelberge. Auf breit angelegtem Pfad geht man zunächst durch ein Spalier von Abfallbehältern. Hier soll man wohl alles, was einen beschwert, abwerfen, um unbelastet den Gipfel zu erklimmen. Nach 300 Metern erreicht man den Teufelssee, den Fontane recht bedrohlich beschreibt: »Er hat den unheimlichen Charakter aller jener stillen Wasser, die sich an Bergabhängen ablagern und ein Stück Moorland als Untergrund haben. Die leuchtend schwarze Oberfläche ist kaum gekräuselt, und verwaschenes Sternmoos überzieht den Sumpfgürtel, der uns den Zugang zum See zu verwehren scheint. Er will ungestört sein und nichts aufnehmen als das Bild, das die dunkle Bergwand auf seinen Spiegel wirft.«

Dieser See mag im Grunde ein stilles Wasser sein, aber an seinen Ufern ist der Teufel los. Besuchergruppen in den verschiedensten Altersklassen lärmen herum, Kindergartenkinder werden den Waldlehrpfad entlanggezerrt, und zwei riesige Schwäne sowie ein schlecht gelaunt wirkender Reiher stehen im flachen Wasser und sagen gar nichts. Ein Mann raunt mir verschwörerisch zu, er habe am gestrigen Tag Eisvögel gesehen und »formatfüllend« fotografiert, ein Ehepaar erinnert sich, wie sie »früher auch mal, aber det war ja janz woanders«.

Ich lasse See und Lärm links liegen, steige eine schattige, mehrere hundert Meter lange Treppe hoch und stehe vor dem Aussichtsturm auf dem Kleinen Müggelberg. Das Gebäude erinnert entfernt an eine Pagode, rundherum wird geklopft, gebohrt und gehämmert, das Bergplateau wird grundsaniert, aber für zwei Euro darf man die 126 Stufen des Aussichtsturms hochsteigen, von dem man einen grandiosen Blick auf Berlin, das Umland und die Ruine des Hauptstadtflughafens hat, und auch auf den Großen Müggelberg, den man aber vor lauter Bäumen nicht sieht.

Jetzt kann es nicht mehr weit sein, der Weg führt Richtung Osten an einem Sendemast und den Überresten eines Fernsehturms vorbei, und dann, als ich schon befürchte, ihn verpasst zu haben, zeigt ein Wegweiser »Zum höchsten Berg Berlins«. Mitten im Wald erscheint plötzlich ein mächtiges Gipfelkreuz, auf dem die Höhe des Berges mit 114,8 Metern angegeben wird, zehn Zentimeter scheint er in den vergangenen Tagen gewachsen zu sein. Eine grandiose Aussicht würde mich erwarten, wenn ich 150 Jahre früher gekommen wäre. Fontane sah: »... Dörfer und Städte wachsen heiter mit ihren roten Dächern und Giebeln aus allen Schattierungen des Grün hervor. Die Türme der Hauptstadt, die graugelben Wände des Köpenicker Schlosses, beide leuchten im Schein der untergehenden Sonne.« Das sieht man jetzt alles vom Aussichtsturm des Kleinen Müggelbergs. Der Große ist zugewachsen, es gibt wohl keinen Punkt, von dem man eine schlechtere Aussicht hat als vom höchsten Berg Berlins.

Liegt hier ein Versagen der Behörden vor? Genau wie sie es nicht schaffen, den Flughafen zu eröffnen, genauso wenig eröffnet der höchste Berg der Stadt irgendwelche Ausblicke. Hier oben ist man weit weg von dem, was man als Berlin kennt.

Etwa fünfzehn Minuten lasse ich den Ort auf mich wirken, denke an die Mühen des Aufstiegs, den Backfisch, die Abfalleimer, den Teufelssee und die 126 Stufen zum Aussichtsturm, dann begreife ich, dass hier für Pathos kein Platz ist, und beginne mit dem Abstieg. Diesmal auf einem schmalen Trampelpfad quer durch den Wald, bis ich wieder am Teufelssee stehe, wo der Reiher mir träge zublinzelt. Ich setze mich auf eine schattige Bank und lese in den *Volkssagen der Altmark*: »In diesem Berge findet man einen weißen Stein ... Von demselben erzählt man, daß darunter ein großer Schatz verborgen liege, der von einer Jungfrau verwahrt wird … sie hat gesagt: daß sie verwünscht sei, und hat gebeten, sie zu befreien; dazu solle man sie um die Kirche zu Cöpenik herumtragen. Es hat das aber keiner thun wollen.« Kann ich mir lebhaft vorstellen. »Jungfrau um die Kirche tragen? Also meen Fall wär dit nich, wa?«

GROSSER MÜGGELBERG
114,7 m

Start: Anlegestelle Hafen Treptow (mit der S-Bahn bis Treptower Park)
Basislager: Restaurant *Rübezahl am Müggelsee*
Gipfeleinkehr: Nur innerlich möglich.
Streckenverlauf: vom Anleger *Rübezahl* zum Teufelssee, die Treppe zum Kleinen Müggelberg, von dort bis zur Beschilderung »Zum höchsten Berg Berlins«, nach fünf Minuten leichtem Aufstieg steht man vor dem Gipfelkreuz.
Länge: ca. 3 km
Dauer: 1 h
Höhendifferenz: ca. 80 m

10. STATION
KUTSCHENBERG

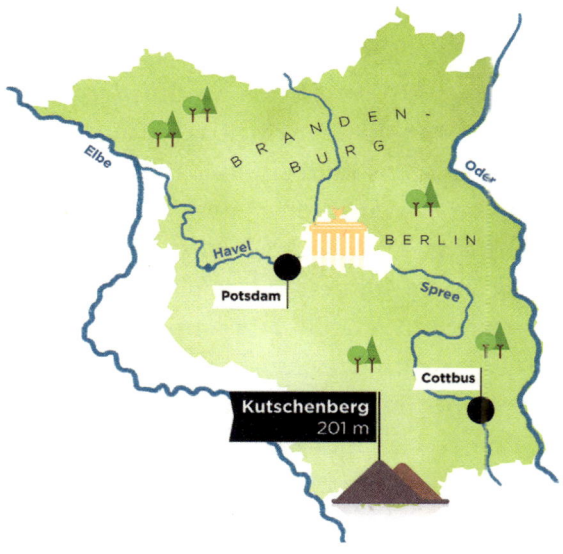

EINE GRENZERFAHRUNG

Die Reise zum 201 Meter hohen Kutschenberg ist lang und führt mich durch viele Orte, von denen ich noch nie etwas gehört habe, mit Namen wie Coswig oder Weinböhla. Ich bin mir nicht mal sicher, ob ich die Sprache verstehen würde, die man hier spricht, ich kann es aber nicht nachprüfen, seit Dresden hat niemand mehr mit mir geredet. Nachts um halb zehn stehe ich in Priestewitz auf einem vollkommen verlassenen Bahnsteig, es würde mich keineswegs wundern zu sehen, wie der Wind trockenes Präriegras über die Schienen treibt. Ich warte auf den Regionalexpress, der mich nach Ortrand bringt, an der sächsisch-brandenburgischen Grenze. Dort habe ich ein »Monteurzimmer« reserviert, denn mehr war nicht zu kriegen. »Sie müssen sich das Badezimmer mit zwei anderen teilen«, informierte mich der Wirt am Telefon, das sei aber kein Problem, der eine habe Spätschicht, der andere Frühschicht, womit er andeuten wollte, dass mir dazwischen Zeit genug zum Duschen bliebe.

Ortrand ist nicht ganz so ausgestorben wie Priestewitz, der Weg führt geradewegs vom Bahnhof zum Marktplatz, vorbei am einzigen geöffneten Lokal namens *Fernost-Perle*. Ein passender Name, denn Ortrand liegt sehr weit im Osten Deutschlands. Ich biege rechts ab und gehe etwas zögerlich in eine schlecht ausgeleuchtete Straße, als mich eine dunkle Gestalt anspricht: »Wo willst Du denn hin?« Wie sich herausstellt, handelt es sich um meinen Wirt, der schon auf mich lauert, weil er endlich ins Bett möchte.

Er zeigt mir die Räumlichkeiten und stellt mir einen abenteuerlich wirkenden Monteur vor, der mir so vorkommt, als hätte ich ihn schon mal im Film *Der Hobbit* gesehen. Der Mann mustert mich kurz und fragt: »Und wo schaffst du?« Ich erkläre, dass ich am nächsten Tag den Kutschenberg bezwingen wolle, und warte die Wirkung meiner Worte ab. Er schaut mich verständnislos an. Ich nehme einen neuen Anlauf, der Kutschenberg sei der höchste Berg Brandenburgs, und ich wolle ihn nicht nur besteigen, sondern auch darüber schreiben. Der Mann lächelt mich etwas mitleidig an, das hat für ihn nichts mit Arbeit zu tun. Wortlos weist er auf sein T-Shirt – und da steht »Ortrander Eisenhütte«. Da wird geschafft.

Am nächsten Morgen warte ich den Sonnenaufgang ab, nehme einen Kaffee sowie ein reichlich mit Mayonnaise belegtes Käsebrötchen in der Bäckerei am Marktplatz und mache mich auf den Weg zum Kutschenberg. Zunächst geht es an der Straße nach Großkmehlen entlang, wo die Plakate rechter Parteien verdächtig tief hängen. Der Zuzug von Ausländern wird kategorisch abgelehnt, obwohl in Ortrand die gastronomische Versorgung fest in türkischer, italienischer und chinesischer Hand ist, von der *Fernost-Perle* ganz zu schweigen.

Nach zwanzig Minuten kommt auf der rechten Seite ein prächtiges Wasserschloss in Sicht und die St.-Anton-Kirche mit der berühmten Silbermann-Orgel. Ich stehe im Zentrum von Großkmehlen, und linker Hand zweigt der Rundwanderweg zum Kutschenberg ab. Er existiert erst seit 2008, und der Heimatverein Großkmehlen ist sehr stolz, dass es ihm endlich gelungen ist, den höchsten Berg Brandenburgs auszuschildern. Oft waren in der Vergangenheit Wanderer daran gescheitert, den Gipfel überhaupt zu finden. Jetzt müssen Alpinisten nur dem grünen Punkt folgen und können den Kutschenberg gar nicht verfehlen. Der Weg führt an vielen gepflegten Eigenheimen vorbei, die Straße teilt ein breiter Grünstreifen mit vielen Apfelbäumen, deren Ertrag anscheinend der Allgemeinheit zur Verfügung steht. Ich sammle ein paar Früchte als Wegzehrung ein und entscheide mich für die direkte Route, die mit einem grünen Balken gekennzeichnet ist.

Nach wenigen Minuten breiten sich vor mir mehrere umgepflügte Äcker aus, die sanft ansteigen und irgendwann in Wald übergehen. Links und rechts von mir erstreckt sich das mächtige, unüberwindlich wirkende Massiv der Kmehlener Berge. Leider lässt sich von unten überhaupt nicht erkennen, wo sich der höchste Punkt Brandenburgs befindet. Das liegt daran, dass dahinter und daneben mehrere ähnlich hoch gelegene Gipfel sind, die teilweise auf sächsischem Territorium liegen. Allerdings interessiert man sich in Sach-

sen nicht besonders für hügelartige Erhebungen, denn man hat ja den 1215 Meter hohen Fichtelberg. Der Weg führt einige hundert Meter am Feldrand entlang und dann direkt in den Wald, über eine Wiese und immer weiter nach oben, bis ich freie Aussicht habe, auf die A 13, ausgedehnte Ackerflächen und das Lausitzer Bergland. Irgendwie bin ich vom Rundweg abgekommen und befinde mich wohl schon in Sachsen. Ich weiß immerhin, dass der höchste Punkt Brandenburgs mit einer steinernen Stele gekennzeichnet ist, damit man nicht achtlos daran vorbeiläuft, und die müsste ja wohl zu finden sein. Nur gibt es gerade überhaupt keine gekennzeichneten Wege mehr.

War es ein Fehler, dem grünen Balken zu vertrauen statt dem grünen Punkt, der mich über den »Oberweg«, die »Parkanlage an der Motocross-Strecke« und die »Wochenendsiedlung« wahrscheinlich sicher auf den Kutschenberg geführt hätte? Ich beschließe etwas beschämt, wieder zum Ausgangspunkt zurückzukehren und diesmal dem grünen Punkt via Pfaffenberg (147,5 m), Schafberg (192,2 m), Dietzenberg (190,6 m) sowie Kuckucksberg (192,2 m) auf den Kutschenberg zu folgen.

Das Vorhaben scheint zunächst zu gelingen. Doch dann verhindern Bäume das Fortkommen, die sich quer über den Weg gelegt haben; und zwar so geschickt, dass es fast unmöglich ist, das Hindernis zu überwinden. Ein Eichelhäher beobachtet interessiert, wie ich mich durch das Gewirr der Äste hindurchwühle. Die Bäume liegen hier schon länger. Es scheint, als habe in den vergangenen Monaten, möglicherweise auch Jahren, niemand versucht, den Kutschenberg zu erreichen. Es ist definitiv kein touristischer Hotspot.

Ein Ziel für Menschen, die sich gerne abseits ausgetretener Pfade bewegen, ja, die eigentlich überhaupt keine Pfade schätzen, denn irgendwann – ich weiß auch nicht wie – stehe ich wieder am selben Punkt wie vor zwei Stunden und starre auf das Lausitzer Bergland.

Es ist heiß, mir läuft der Schweiß in Strömen herunter, Insekten umschwirren mich, zum Greifen nah scheint die Autobahn, und doch bin ich weit entfernt von jeglicher Zivilisation. Hier oben scheinen die Naturgesetze außer Kraft gesetzt zu sein. Es sind nur 201 Meter, von Höhenkrankheit kann eigentlich keine Rede sein, und doch fühle ich mich nicht wohl.

Ich frage mich, ob das immer noch derselbe Eichelhäher ist und was das für merkwürdig große Ameisen sind, die über meine Schuhe krabbeln. Ich haste blindlings durch den Wald, laufe mal nach rechts, mal nach links, Zweige schlagen mir ins Gesicht, und dann stehe ich direkt vor einer schmalen grauen Stele. Der höchste Punkt Brandenburgs, ich habe ihn gefunden. Oder er mich.

KUTSCHENBERG
201 m

Start: Wasserschloss
Streckenverlauf: Vom Großkmehlener Wasserschloss ausgehend (sehenswerter Park) der Beschilderung folgen. Der grüne Balken führt mit etwas Glück direkt auf den Kutschenberg. Der grüne Punkt kennzeichnet einen 9,2 km langen Rundweg, auf dem man alle Gipfel der Kmehlener Berge kennenlernt, natürlich auch den Kutschenberg.
Strecke: ca. 5 km
Dauer: 1,5 h
Höhendifferenz: 93 m

MOUNT EVEREST VS. 16 SUMMITS

Preis-Leistungs-Verhältnis

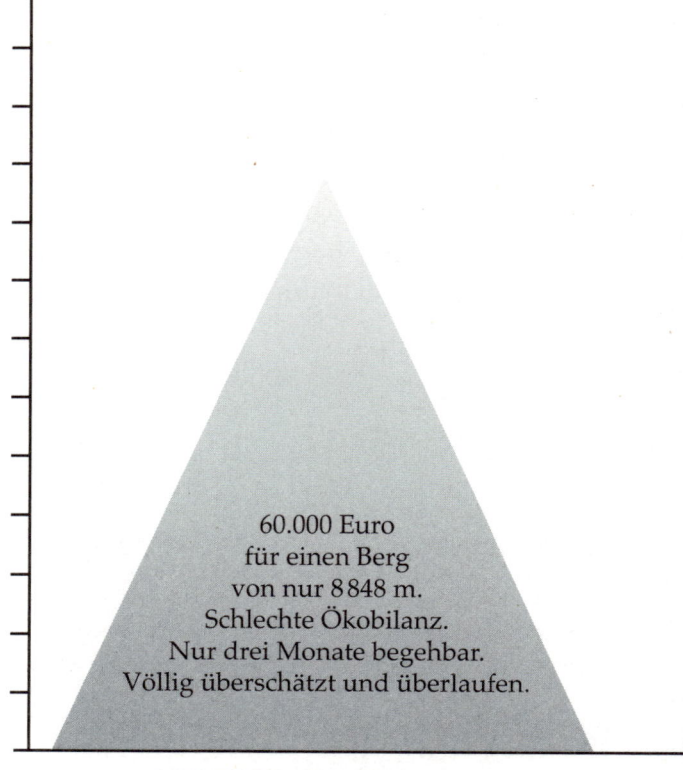

60.000 Euro
für einen Berg
von nur 8 848 m.
Schlechte Ökobilanz.
Nur drei Monate begehbar.
Völlig überschätzt und überlaufen.

MOUNT EVEREST

ca. 3.000 Euro
für 16 Berge,
ca. 12 880 Meter hoch.
Völlig unterschätzt.
Fast ganzjährig begehbar.
Geheimtipp – überwiegend menschenleer.

16 SUMMITS

11. STATION
BROCKEN

MIT HEINES PISTOLEN AUF GOETHES SPUREN

Ich bin gerade eine halbe Stunde unterwegs, als eine verzweifelte Stimme das Rauschen der idyllischen Ilsefälle übertönt: »Hallo, können Sie mir helfen, mein Mann kippt immer so nach hinten.« Ein älteres Ehepaar in landesüblicher Funktionstracht schwankt mir entgegen. Der Mann macht keinen guten Eindruck. Ich führe ihn zu einer Bank, verständige den Notarzt und überlege, ob ich eine Rettungsgasse bilden müsste.

Keine Frage, man hilft sich am Berg, aber das eigene, lang und intensiv vorbereitete Gipfelprojekt ist nun in Gefahr. Die Sonne steht schon recht tief, der Ranger im Nationalparkhaus in Ilsenburg hatte zwar gesagt, man könnte es in drei, ja, zweieinhalb Stunden schaffen, »wenn Sie schnell gehen«. Aber wie oft werde ich hier noch Männern begegnen, die einfach nach hinten kippen? Der Brocken scheint tückischer, als ich geglaubt habe.

Natürlich hätte man früher mit dem Aufstieg beginnen können, jetzt rächt es sich möglicherweise, dass ich mir noch die Max-und-Moritz-Mühle in Ebergötzen ansehen musste, und die Rostbratwurst an der B 27 hätte man sich auch einpacken lassen können. Oft sind es genau solche Kleinigkeiten, die über den Erfolg einer Expedition entscheiden.

Fast 900 Höhenmeter sind vom Harzstädtchen Ilsenburg bis zum Brockengipfel zu überwinden, auf der Route, die Heinrich Heine 1824 genommen hatte. Er absolvierte den Aufstieg mit zwei Pistolen im Gepäck. Es scheint mir ratsam, es ihm gleichzutun. Im Spielzeugladen in Wernigerode habe ich mich mit Waffen und Munition versorgt, damit ich poetisch korrekt unterwegs bin.

Der 1141,2 Meter hohe Brocken, der höchste Berg Sachsen-Anhalts, wirkt von unten nicht besonders erhaben. Da er von einer Reihe ähnlich hoher Gipfel umstellt ist, gelingt es nur selten, einen Blick auf ihn zu werfen. Man erkennt ihn aber an seinen Aufbauten – dem Sendemast, dem Hotel und dem kuppeligen Brockenhaus.

Vor dem Aufstieg muss man eine Reihe von grundsätzlichen Entscheidungen treffen: Steigt man westlich über Torfhaus auf, wie es Goethe im Winter 1777 getan hat, oder wählt man Heines Nordostroute durchs Ilsetal, hält man sich an Eichendorff, der 1805 mit seinem Bruder von Hohne aus startete, oder steigt man von Schierke ins Brockenmassiv ein, wie es mein Onkel Paul 1931 getan hat?

Ist die Route geklärt, erhebt sich die Frage, wie man oben ankommen will: zu Fuß, mit dem Taxi, mit dem Zug oder mit der Pferdekutsche? Hermann Löns fuhr 1910 mit der Brockenbahn nach oben, und seine Laune wurde mit jedem Höhenmeter schlechter, das gibt zu denken. Andererseits war der Mann von Beruf Heidedichter und kein Bergpoet.

Zudem muss man sich im Klaren sein, dass der Brockengipfel – ähnlich wie der Mount Everest – jederzeit wegen Überfüllung geschlossen sein kann. An Wochenenden bevölkern Tausende das kahle Gipfelplateau, und es kann vorkommen, dass Männer dann reihenweise nach hinten kippen. Schuld daran dürfte ein rubinroter Kräuterbitter sein, auf dessen Etikett die legendäre Schierker Feuersteinklippe abgebildet ist, die der geologisch interessierte Goethe 1784 genau untersucht hat.

Ich habe mich ganz bewusst für einen sehr späten Aufstieg entschieden, denn ich will im Schein der untergehenden Sonne oben ankommen, mein Quartier beziehen und mich dann von der aufgehenden Sonne wecken lassen.

Unten im Ilsetal herrscht reger Gegenverkehr, Menschen aller Altersstufen kehren zurück in ihre Basislager. Ich muss mit höchster Konzentration aufwärtssteigen, sonst werde ich abgedrängt und stürze in die Ilse, wie es viele Bäume bereits getan haben, die dort kreuz und quer in verschiedenen Stadien der Verrottung liegen. An den Oberen Ilsefällen lässt der Rückstau vom Gipfel nach, es wird steiler, bis an der Roten Brücke dann zum ersten Mal der Brockengipfel vor mir auftaucht. In der Bremer Hütte drücke ich mir den Stempel Nr. 6 für die Harzer Wandernadel ins Notizbuch und stelle wieder einmal fest, dass am Berg kaum etwas so gut schmeckt wie ein Käsebrötchen, das man seit zwölf Stunden ganz unten im Rucksack transportiert hat.

Kurz hinter der Hermannsklippe beginnt der härteste Teil der Expedition, der Hirtenstieg, eine alte Panzerstraße aus der Zeit der russischen Besetzung des Brockens. Seitdem ist der geplagte Berg um einige Tonnen Beton schwerer. Es geht fast drei Kilometer bergauf, die Steigung beträgt teilweise 15 Prozent, man muss den Körper unbedingt im richtigen Winkel zum Weg halten. Wenn man jetzt nach hinten kippt, ist es vorbei.

Ich überquere noch die Gleise der Brockenbahn an einem gefährlichen unbeschränkten Übergang, nachdem ich mein Ohr auf die Schienen gelegt und mich überzeugt hatte, dass kein Zug naht und stehe schließlich auf dem Gipfel einer baumlosen, kreisrunden Fläche, in deren Mitte eine Gesteinsformation aufgebaut wurde, damit das Ganze nicht so kahl aussieht.

Tief unten zwinkern mir die Straßenlaternen von Wernigerode, Ilsenburg und Braunlage zu und erinnern mich, dass in der Brocken-

gaststätte noch ein letzter Teller Wildgulasch mit Spätzle auf mich wartet. Es geht leider nicht ganz so bacchantisch zu wie damals, als Heine die Brockengastronomie aufmischte. Da flossen ungeheure Mengen Alkohol, und Menschen starrten selig betrunken vom Brocken hinab in die Dunkelheit. Irgendwann ging Heine nach draußen und schießt seine Pistolen ab, es kommt aber niemand zu Schaden.

So sehr ich mich auch anstrenge, mehr als zwei Bier und einen Kräuterbitter schaffe ich nicht mehr, dann ist Feierabend. Die anderen Gäste sind zwar durchaus angetrunken, aber leider weit vom Exzess entfernt. Der Kellner reicht mir die Zimmerschlüssel und bittet, den Meldeschein sorgfältig auszufüllen.

Ein letzter Rundgang über den Brocken, wo es, wie Heine richtig bemerkte, nie ganz dunkel wird, dann fahre ich mit dem Fahrstuhl in mein Zimmer im sechsten Stock, wo die Minibar bis zum Rand mit rubinrot glitzernden Kräuterbitterfläschchen gefüllt ist. Kurz vor dem Zubettgehen fällt mir ein, dass ich vergessen habe, meine Pistolen abzufeuern, und weil ich zu müde bin, schieße ich direkt vom Bett auf den Fernseher. Dann kippe ich nach hinten und schlafe bis zum Sonnenaufgang um 5.46 Uhr. Ein großartiges Schauspiel, das man auf dem Brocken nur sehr selten erlebt.

Vergnügungstechnisch ist der Brocken einer der bestausgestatteten Berge in unserem Land, vielleicht nennt man ihn deshalb »Berg der Deutschen«. Neben Hotel, Gaststätte und Museum gibt es eine Wetterstation, einen Sendemast, einen Freiluftausschank, einen Bahnhof, eine Garage für Räumfahrzeuge, und seit zehn Jahren spielt man hier oben *Faust – Die Rockoper auf dem Brocken*. Gegen 11 Uhr muss man außerdem mit dem Erscheinen von »Brocken-Benno« rechnen, einem Mann, der den Berg rund neuntausendmal bestiegen hat. Daran sieht man, dass hier oben, wie Goethe schon wusste, dämonische Kräfte am Werk sein müssen.

Etwas benommen steige ich wieder hinab und kann nur knapp der wild pfeifenden Brockenbahn ausweichen, die den heiß ersehnten touristischen Nachschub bringt. Drei Stunden später erreiche ich tatsächlich unverletzt das Basislager in Ilsenburg.

BROCKEN
1.141 m

Anreise: Der Ausgangspunkt Ilsenburg liegt 55 km südlich von Braunschweig und ist sowohl mit dem Auto als auch mit dem Zug gut erreichbar.
Ausgangspunkt: Wanderparkplatz in Ilsenburg
Länge: 11 km
Dauer: 3,5 h
Höhendifferenz: ca. 900 m
Einkehr: Oben und unten jederzeit möglich

12. STATION
WURMBERG

ZWERGZIEGENSTREICHELN AM MONSTERROLLERBERG

Viele Menschen denken bei Niedersachsen an ein flaches Land voller Hühner- und Schweinefarmen, und das trifft für den nördlichen Teil sicher zu. Niedersachsen hat aber auch einen ziemlich breiten Seezugang und einen sehr hohen Berg, der es dank eines Anbaus bis vor wenigen Jahren auf 1000 Meter Höhe brachte. Inzwischen musste der künstliche Gipfel in Form einer Sprungschanze wegen Baufälligkeit leider entfernt werden, und der Wurmberg misst nur noch 971,2 Meter, die aber aus eigener Kraft. Während des Kalten Krieges war der Wurmberg sogar 1050 Meter hoch, denn die Amerikaner betrieben auf dem Gipfel eine 81 Meter hohe Abhörstation, die 1994 gesprengt wurde.

In Braunlage im Harz kennt jeder den Wurmberg, die Stadt lebt von dem Berg, wenn es ihn nicht gäbe, hätte man ihn sicher künstlich aufschütten lassen.

Die Worte »Bike« und »Fun« dominieren das Basislager am Großparkplatz, von wo aus rote Seilbahnkabinen den Bergfreund fast direkt in die Wurmberg Alm transportieren. Der Monsterrollerverleih hat an diesem Montag noch sehr viele Monsterroller zu verleihen, nur eine ältere Dame in graubraunem Goretex-Ornat lässt sich in die Handhabung dieser bald von keinem Berg mehr wegzudenkenden Höllenmaschine einweisen.

Rechts neben der Seilbahnstation beginne ich den Aufstieg, denn ich will den Wurmberg auf der steilen, aber direkten Südroute bezwingen. Links neben mir schweben die Kabinen sanft surrend empor, rechts rauschen Downhill-Biker zu Tal. Es ist gar nicht so leicht, den Weg für Uphill-Hiker zu finden, denn auch der Monsterrollertrail, die Rodelbahn und die verschiedenen Skipisten streiten hier um jeden Meter Wurmberg. Nach etwa einer halben Stunde, kurz nach der sehenswerten kleinen Wurmbergklippe, kreuzt ein breiter Schotterweg die verschiedenen Pisten. Ein sechsarmiger Wegweiser zeigt an, wo man sich wie bewegen soll: »Jumpline«, »Downhill«, »Freeride«, »Northshore«, »Enduro« und »Single Trail«.

»Fresh-Air-Snapping« wird leider nicht angeboten. Links geht es zur Mittelstation, und dahinter liegt das Rodelhaus, die erste Einkehrmöglichkeit mit hervorragender regionaler Küche. Bei schlechtem Wetter könnte man hier auch übernachten, immerhin befindet man sich dann schon auf knapp 730 Metern Höhe. Rechts lockt außerdem die Hexenrittalm, doch es ist noch früh am Tage, ich traue mir die restlichen 261 Meter auch ohne weitere Nahrungsaufnahme durchaus zu.

Ich könnte jetzt auch über die »Bratwurstkurve« nach oben steigen, doch ich lasse den Gedenkstein mit der schmackhaften Inschrift genauso rechts liegen wie den Parkplatz »Kaffeehorst« und wandere weiter steil bergauf. Immer wieder kommen mir vom Gipfel her schwerstalkoholisierte Gruppen entgegen, anscheinend fährt man hier hoch und wankt dann wieder zu Tal. Die meisten Bäume und Seilbahnmasten sind mit Polstern umwickelt, falls ein Funsportler vom Track abkommt. Aber heute hält sich der Spaß in Grenzen, und es gelingt mir tatsächlich, unverletzt das Gipfelplateau zu erreichen.

Einer der ganz großen Vorzüge des Wurmbergs ist, dass man einen fantastischen Blick auf den Brocken hat. Mit etwas Glück schraubt sich gerade fauchend und pfeifend die Brockenbahn nach oben, was den Ausblick noch liebreizender macht. Doch auch der Wurmberg bietet einige Sensationen.

Zunächst muss man entscheiden, ob man sich im *Gipfelstürmer* oder in der *Wurmberg Alm* für die Qualen des Aufstiegs belohnen möchte. Ansonsten kann man rutschen, schaukeln, klettern, über einen künstlichen Bach gleiten, man kann eine Runde um den Speichersee drehen, der im Winter die Schneekanonen speist, und man hat die Möglichkeit, Kaninchen und Zwergziegen zu streicheln, was ich persönlich als mein schönstes Gipfelerlebnis bezeichnen möchte. Zum Zwergziegenstreicheln auf den Wurmberg, das scheint mir dann doch der allerultimativste Fun zu sein. Zunächst wirken die Tiere ziemlich apathisch und gelangweilt, aber sobald sie den Klang der Münze im Futterautomaten vernehmen, werden sie ungeheuer zutraulich, ja,

fast zudringlich, so lange, bis die Schachtel leer ist. Liebe muss man sich hier oben erkaufen, aber sie ist relativ billig zu haben. Etwas verloren steht das Gipfelkreuz am Wegesrand, immerhin kann sich der Wanderer daran festhalten, denn hier oben bläst ein recht rauer und stürmischer Wind.

Die Bedeutung des Namens Wurmberg ist unklar, im 13. Jahrhundert taucht er in Lehnsbüchern als Wormberch auf, im 19. Jahrhundert heißt er Wormberg oder Wormsberg, möglich, dass es einen Zusammenhang mit Lindwürmern, also Drachen gab, möglich, dass ihn künftige Generationen nur noch als Monsterrollerwurmberg kennen werden.

Es ist schwer, sich von dem großartigen Unterhaltungsangebot des niedersächsischen Gipfels loszureißen und der Versuchung zu widerstehen, mit der Seilbahn schnell hinab nach Braunlage zu fahren. Aber dann hätte man sich doch um ein paar eindrucksvolle Naturerlebnisse gebracht.

Zunächst jedoch laufe ich ziemlich lange auf einer Asphaltstraße, bis ich endlich auf den Ulmer Weg stoße, der laut Wanderführer Trittsicherheit erfordert, heißt, er ist weder geteert noch geschottert. Hier herrscht eine wunderbare Ruhe, es gibt keine Trails und Pisten, und man hat noch einmal einen eindrucksvollen Blick auf den Brocken.

Ein Schild der Nationalparkverwaltung warnt vor herabfallenden Ästen und allgemeinen Schäden aufgrund der »Waldbeschaffenheit«, für die man keine Haftung übernähme. Dabei wirken die Wege hier geradezu übertrieben befestigt, doch hinter der nächsten Biegung wird mir klar, wie berechtigt die Warnungen sind.

Es bewegt sich etwas stöhnend im Unterholz, das sich bei näherem Hinsehen als Französischlehrerin herausstellt. Sie ist abseits des Weges weit entfernt von ihrer Klasse im Morast gestürzt und kann aus eigener Kraft nicht mehr aufstehen. Es gelingt mir mit einiger Mühe, sie zu befreien, und nach dieser unerwarteten guten Tat bin ich bereit für den sagenhaften Oberen, aber auch den Unteren Bodefall, von denen mir die Bedienung auf der *Wurmberg Alm* vorgeschwärmt hatte.

Dazu darf ich allerdings nicht den Abzweig zur Bärenbrücke verpassen, der nicht gerade verschwenderisch ausgeschildert ist. Hat man ihn dann gefunden, wird es nach kurzer Zeit so schön und lieblich, dass man die Zumutungen des Aufstiegs rasch vergisst. Die Wasserfälle plätschern und rauschen talwärts und erfreuen mein überanimiertes Gemüt. Entlang der Bode, einem klaren, munteren Bach, laufe ich in geradezu ausgelassener Stimmung in einer guten halben Stunde bis nach Braunlage, wo sich die Monsterroller inzwischen schlafen gelegt haben. Ich werde es ihnen gleich nachtun, vermisse allerdings in diesem Moment eine Ziege, die ich streicheln könnte.

WURMBERG
971 m

Start: Braunlage – Seilbahnstation
Gipfeleinkehr: Wurmberg-Alm, Gipfelstürmer
Streckenverlauf: Von Braunlage geht es gut ausgeschildert auf den Gipfel. Dem »Rundwanderweg Richtung Braunlage« folgen, den Speichersee links liegen lassen, weiter auf der Asphaltstraße und von dort auf den Ulmer- weg. Ab dem Brockenstein der Beschilderung »Roter Punkt« folgen, bis rechts die Bärenbrücke kommt. Dann entlang der Bode und dem Oberen und Unteren Bodefall zurück zum Ausgangspunkt.
Strecke: 12 km
Dauer: 4 h
Höhendifferenz: 590 m

13. STATION
FICHTELBERG

IM WILDEN OSTEN

Der höchste Berg der DDR war der Fichtelberg. Den Staat gibt es inzwischen nicht mehr, aber der Fichtelberg wurde bis jetzt noch nicht abgewickelt und ist heute immerhin die höchste Erhebung des Freistaates Sachsen. Sie liegt weit entfernt von den glänzenden kulturellen Zentren des Landes, Leipzig und Dresden kann man nicht einmal ahnen. Die Anreise aus der Mitte Deutschlands gestaltet sich zeitaufwendig. Der Hunger zwingt mich zu einer kurzen Rast in Jena Paradies. Das kul-

turelle Zentrum ist hier die sehr gut besuchte McDonald's-Filiale. Nachdem ich meine Bestellung aufgegeben habe, blickt mir die Bedienung verschwörerisch in die Augen und fragt: »Sie kennen unser System?« Ich antworte verwirrt: »Äh, ist das hier noch immer gültig, ich dachte, die Wiedervereinigung ...« Doch es war gar nicht der real existierende Sozialismus gemeint, sondern ein neues System der Speisenausgabe, das ich tatsächlich noch nicht kenne. Ich ahne, dass ich mich auf einige Überraschungen gefasst machen muss.

Die Reise zum Fichtelberg ist auch eine Reise in eine andere Klimazone. Die Vegetation wird immer spärlicher. Das üppige Grün und die blühenden Bäume, die noch in Hessen und Teilen Thüringens das Auge erfreuten, sind verschwunden. In Cranzahl passiere ich das »Räuchermannmuseum« und wenig später das

»Suppenmuseum« in Neudorf. Stellen sie dort versteinerte Suppen aus prähistorischer Zeit aus? Es bleibt keine Zeit, darüber nachzudenken, denn in Kretscham-Rothensehma erhebt sich direkt an der Straße eine maßstabsgetreue Nachbildung der Cheopspyramide. Ein Mann namens Hugo Eberwein hat sie errichten lassen, um seinen Vater dort zu bestatten, was die Behörden allerdings verhinderten. Macht das die verhältnismäßig dünne Luft hier oben, oder sind berauschende Substanzen im Spiel, die im Inneren der Räuchermännchen verdampfen?

Es ist in jeder Beziehung eine fremdartige Gegend. Die Wiesen sind braun, und auf dem Fichtelberg liegt tatsächlich noch Schnee. »Bei uns gibt es oft gar keinen Frühling«, erklärt eine Einheimische, »das geht gleich in den Sommer über. Aber erst mal schneit es noch, und der neue Schnee nimmt dann den alten mit und dadrunter ist das Grün«. So läuft das hier also. Sind das noch die nicht überwundenen Folgen jahrelanger Mangelwirtschaft? Konnte sich das System keine vier Jahreszeiten leisten? Jedenfalls ist es empfindlich kühl in Oberwiesenthal, wo ich mein Basislager beziehe. Im Tourismusbüro beurteilt man die Chancen eines Aufstiegs über die Westflanke eher skeptisch. »Da kommse jetzt nicht hoch, da ist überall noch alter Schnee und Eis, nehmse lieber das Auto.«

Verwirrenderweise liegt der Fichtelberg nicht im Fichtel-, sondern im Erzgebirge, der höchste Berg Sachsens bringt es auf 1215 Meter Höhe. Er ist die Heimat von Jens Weißflog, dem legendären Skispringer, der inzwischen ein Appartementhotel betreibt und dessen magischer Sprunganzug im Museum zu besichtigen ist. Aus Oberwiesenthal stammen überdurchschnittlich viele Weltmeister und Olympiasieger, anscheinend weil man über elf Monate im Jahr Wintersport betreiben kann, das sind ideale Trainingsbedingungen.

Ich kaufe umfangreiche Vorräte ein, statte mich mit einer Thermoskanne aus, die ich mit Glühwein fülle, falls ich im Schnee stecken bleiben sollte. Auf Anraten des ortskundigen Ausrüsters nehme ich auch eine Lawinenpfeife mit, damit man mich schneller findet, denn das Mobilfunknetz funktioniert nur an wenigen Stellen, die ausschließlich den Einheimischen bekannt sind. In seinem Reiseführer von 1888 warnt Winfried Hardenberg bereits: »Das rauhe Klima der oberen Höhenlagen nöthigt zu einiger Vorsicht in der Wahl der Bekleidung. Selbst im schönsten Sommer sind die Abende, besonders aber die Morgen empfindlich kühl. Man möge sich mit einem warmen Plaid versehen. Auch ein leichtes wollenes Unterhemd ist zu empfehlen, besonders bei Kammtouren.« Leider ist in ganz Oberwiesenthal kein Plaid aufzutreiben, noch nicht mal eins aus Goretex, sodass ich an den bevorstehenden Aufstieg mit einiger Besorgnis denke.

Die Abendmahlzeit nehme ich in einer örtlichen Gaststätte zu mir, in der sich auch eine muntere Schar von Sängern und Musikanten eingefunden hat. Sie singen die schwermütigen Weisen dieser Region, die der Bergbau geprägt hat, und begleiten sich mit Gitarre und Akkordeon. Natürlich ertönt: »Glück auf, der Steiger kommt«, gefolgt von weiteren Liedern über geplagte Menschen, die tief in den Stollen des Erzgebirges wühlen müssen. Dann plötzlich: »Auf der Reeperbahn nachts um halb eins«, die Stimmung kocht über, ein Musiker wird als »der Jimi Hendrix des Akkordeons« gepriesen, weil er sein Instrument ausgelassen kopfüber bedient. Eine Szene wie in einem irischen Pub, nur dass alle sächsisch sprechen. Es ist wohl kein Wunder, dass hier so hingebungsvoll musiziert wird, denn der legendäre Dichter und Sänger Anton Günther wurde in der Nähe geboren, und in vielen deutschen Städten erinnern noch heute Gedenksteine an ihn.

Ob eines Tages auch Gedenksteine an mich erinnern werden? Jetzt, wo der Aufstieg auf den Fichtelberg in nur wenigen Stunden unausweichlich wird? Und das ohne Plaid und wollenem Unterhemd. Die Sänger beruhigen mich und versichern mir, nur jeder Zweite würde beim Aufstieg verunglücken, und ich sei ja allein. Dabei lachen sie ganz merkwürdig, sodass ich sehr unruhig schlafe. Beim Frühstück im Basislager lese ich im Reiseführer: »Mit dem Kamm fällt fast genau die Sächsisch-Böhmische Grenze zusammen; in Böhmen rechnet man natürlich nach Oesterreichischer Währung, den Gulden zu 100 Kreuzer. Gemeinhin wird die deutsche Mark an der Grenze zum Werthe von 60 Kreuzern in Zahlung genommen.« Das würde bedeuten, ich bekäme 120 Kreuzer für einen Euro.

Zum Glück ist Oberwiesenthal mit 914 Metern die höchstgelegene Stadt Deutschlands, und das heißt, es sind nur noch 301 Höhenmeter bis zum Gipfelplateau des Fichtelbergs. Die müssten zu schaffen sein, ob mit oder ohne Plaid und egal wie viel Kreuzer man mir für meine Euros gibt. Der Aufstieg gestaltet sich überraschend unkompliziert und unspektakulär. Ich laufe unter einem Sessellift hindurch, bis zur Sprungschanze und von dort eigentlich immer geradeaus nach oben, bis ich auf dem Gipfel stehe. Angriffe von wilden Tieren oder Einheimischen waren nicht zu verzeichnen, ich bin auch nicht, wie ich kurz befürchtet hatte, auf böhmisches Territorium geraten. Das Fichtelbergplateau ist gut erschlossen. Neben Parkplatz, Bushaltestelle, Wetterwarte, Aussichtsplattform, mehreren Fernrohren, königlichsächsischer Triangulationssäule, Schwebebahnbergstation, Hotel und Gaststätte hat man noch diverse geschnitzte Tiere und eine Friedensglocke aufgestellt, um den Wanderer von der spektakulären Aussicht abzulenken. Doch heute gucken alle nur in die Ferne. Denn im Erzgebirge herrschen ungewöhnlich gute Bedingungen, wie mir mehrere Einheimische unabhängig voneinander bestätigen. Nach kurzer Einweisung sehe ich tatsächlich Fichtelgebirge, Riesengebirge, Böhmerwald, den Bayerischen Wald und, dank Fernglas, sogar den Brocken. Das war nicht unbedingt zu erwarten. Laut Wetterstatistik herrscht hier an mindestens 200 Tagen im Jahr schlechte Sicht. Die kommt von den vielen Räuchermännchen, nehme ich an.

FICHTELBERG
1.215 m

Start: Oberwiesenthal

Gipfeleinkehr: Hotel *Fichtelberghaus*

Streckenverlauf: Vom Bahnhof Oberwiesenthal (892 m) zur Talstation der Seilbahn. Der Karlsbader Straße folgen bis zum Hotel *Am Fichtelberg*. Ab hier ist der Weg gut ausgeschildert. Man hält sich Richtung Sprungschanzen. Links vor der Sprungschanze aufwärts zum Ringweg. An der *Eckbauer-Schutzhütte* halb rechts halten, bis man den Gipfel erreicht hat. Der Rückweg über Unterwiesenthal bietet schöne Ausblicke.

Länge: 10 km **Dauer:** 2,45 h **Höhendifferenz:** 300 m

WAS MAN NICHT UNBEDINGT MITNEHMEN MUSS:

Steigeisen
Schneebesen
Eispickel
Hüftgurt
Eisschraube
Eieruhr
Rohrabschneider
HMS-Karabiner
Rückspulstutzen
Ausstechförmchen
Verteilerfinger
Wasserpumpenzange
Wandrosette
Normalkarabiner
Prusikschlingen
Lippendichtung für
 Breitmaulskimmer
Messerbänkchen
Untersichtblende mit
 Hinterlüftung
Bandschlinge
Entsafter
Neoprenanzug
Handramme
Freediving-Flossen
Buddy Line
Taucherbrille
Diaprojektor
Tarierweste
Druckregulator
Gleitschirm
Thermomix
Dengelhammer
Variometer
Aufsitzrasenmäher
Bunny Stopper
Hippe
Focksegel
Klemmkeile
Magnesiabeutel
Zweiter Darm-
 ausgang
Vertikutierer
Teleskopastschere
Faxgerät
Unkrautstecher
Absitzrasenmäher
Dickichtschneider
Konterpunze
Kröselzange
Zwackeisen
Saugglocke

14. STATION
GROSSER BEERBERG

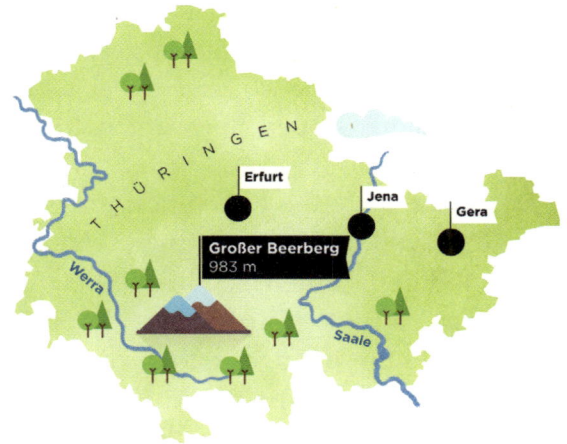

ROSTBRATWURST
IM TEUFELSBAD

Um es gleich von vorneherein und schonungslos zu sagen, ich habe den Gipfel des Großen Beerbergs nicht erreicht, ich bin gescheitert.

Schuld daran war zu einem kleinen Teil die Schwierigkeit des Geländes und das extreme Wetter am Aufstiegstag, aber vor allem meine Autoritätshörigkeit. Ich kann mich so schlecht über Verbote hinwegsetzen. Und es ist nun mal verboten, den Gipfel des höchsten Berges von Thüringen zu betreten. Dort oben befindet sich nämlich eine einzigartige Hochmoorlandschaft, die geschützt werden muss. Während meines Zivildienstes war ich 24 Monate mit der Renaturierung von abgetorften Moorflächen beschäftigt. Aus der Zeit weiß ich, dass ein Moor pro Jahr gerade mal einen Millimeter wächst, und dabei wollte ich es auf dem Großen Beerberg natürlich nicht stören.

Eigentlich hatte die Expedition durchaus verheißungsvoll in Suhl begonnen. Von dort hat man bereits einen schönen Blick auf einige majestätische Gipfel des Thüringer Waldes und kann die dringend erforderliche Unterlage für die Mühen des Aufstiegs schaffen. Ich empfehle die Bratwurstbude auf dem Dianaplatz, die von der Landfleischerei Fuchs mit hervorragenden Rostbratwürsten bestückt wird. Von denen sollte man unbedingt eine oder zwei vor dem Aufstieg zu sich nehmen. Auch wenn es schwerfällt, verzichtet man besser auf die dritte Wurst, weil sie den Körper doch zu stark belasten würde.

Man könnte direkt von Suhl aus in den Thüringer Wald einsteigen, beispielsweise vom Stadtteil mit dem vielversprechenden Namen »Fröhlicher Mann«, wo Suhl scheinbar mit Zella-Mehlis zusammenwächst. Der klassische

Ausgangspunkt für die Gipfelbesteigung ist aber das *Waldhotel Schmücke*, nordöstlich von Suhl. Von dort geht es direkt in die Kernzone »Schneekopfmoor« des Biosphärenreservats Vessertal.

Der mit einem roten Dreieck gekennzeichnete Gipfelwanderweg führt über eine Reihe spektakulärer Neunhunderter, die sich hier, im mittleren Thüringer Wald, in den Himmel schrauben.

»Der Schneekopf ist der Brocken des Thüringerwaldgebirgs im Bezug auf Mähr und Sage; seine Schluchten und Thäler wetteifern darin mit dem Gipfel, um den der romantische Reiz des Unheimlichen wie geheimnißvoll umhüllendes Gewölk lagert«, schrieb Ludwig Bechstein 1837. Und heute habe ich wirklich großes Glück, denn das umhüllende Gewölk hat den Brocken des Thüringer Waldes fest im Griff, wobei man eigentlich eher von einem Leichentuch sprechen sollte, das sich auf die Landschaft gelegt hat. Die Beliebtheit des Aussichtspunktes Teufelskanzel erschließt sich nicht, man soll von dort die Spannbogenbrücke der A 71 sehen können, die das Tal der Wilden Gera überquert und in den Rennsteigtunnel mündet, den längsten Straßentunnel Deutschlands.

Stattdessen kann ich mich heute voll und ganz auf den romantischen Reiz des Unheimlichen konzentrieren, dem ich eigentlich permanent ausgesetzt bin. An diesem Morgen ist kein Mensch unterwegs, weder Downhiller noch Mountainbiker stören das Idyll, und selbst der stockbewehrte Nordicwalker traut sich heute nicht ins Freie.

Der Schneekopf heißt so, weil dort der Schnee am längsten liegen bleiben soll, und von den Temperaturen her könnte der immer wieder einsetzende Regen auch wirklich jeden Moment in Schnee übergehen. Links und rechts vom Weg stehen moosbewachsene Bäume, die im nebligen Zwielicht oft an unheimliche Gestalten erinnern.

Unterhalb des Gipfels gibt es »weit und breit verrufene Sumpfstellen, welche Teufelskreise genannt werden«. Wer sich in diese sumpfigen Gebiete verirrt, vermag schwerlich wieder herauszufinden. Vor allem, »wenn

der Geist des Gebirgs die ganze Gegend in Nebelschleier hüllt«, wie Ludwig Bechstein warnt und ganz besonders auf die Gefahren des »Teufelsbads« hinweist. Wer dort hineinfällt, kommt entweder gar nicht oder an einer ganz anderen Stelle wieder heraus, zum Beispiel aus einem Brunnen in Arnstadt.

Diese Art des Personentransportes klingt einerseits reizvoll, andererseits aber unberechenbar, weshalb die Behörden dafür gesorgt haben, dass man das Teufelsbad nur erahnen, aber nicht mehr betreten kann.

Dafür haben die zuständigen Stellen andere, nicht ganz undiabolische Attraktionen geschaffen. Das Stichwort lautet »Kunst am Baum«. Den Weg zum Schneekopfgipfel säumen eine ganze Reihe eindrucksvoller Holzskulpturen, ein Riesenspecht, eine Eule, ein Birkhuhn oder Pfeife rauchende Baumgeister, die bei diesen unklaren Sichtverhältnissen nicht besonders vertrauenerweckend aussehen.

Hinter der nächsten Wegbiegung wartet die Zapfenweitwurfanlage, bei der man mit Tannenzapfen auf Tiere aus Metall werfen kann, die bei Berührung umklappen. Das Unterhaltungs- und Informationsangebot am Weg ist so erdrückend, dass ich froh bin, als sich die *Neue Gehlberger Hütte* aus dem Nebel schält.

Denn die Wirkung der Suhler Würste lässt nach. Ich brauche dringend eine Stärkung für meine Nerven. Da bieten sich die herrlichen Thüringer Knöllegerichte an, also Knödel in allen möglichen Variationen, in meinem Falle mit Hirschbraten und Rotkohl. Das Personal diskutiert, ob der Rum, der dem Tee die rechte Würze gibt, abrechnungstechnisch als »Anhängsel« oder »Extraleistung« gilt. Es scheint die Nähe gespenstischer Orte zu sein, die solche existenziellen Zweifel aufkommen lässt.

Mich trennen nur wenige Meter vom höchsten Punkt in Thüringen, es ist die Aussichtsplattform des Schneekopfturms. Dort steht man 1001 Meter hoch, überragt also den Gipfel des Großen Beerbergs, den ich jetzt bezwingen will.

Der Weg ist großzügig ausgebaut, ich befinde mich nämlich auf dem legendären Rennsteig, wo sich die Wanderer mit »Gut Runst« begrüßen. Es ist der Premiumwanderweg Thüringens, auf dem ich schon vor 26 Jahren mit meinem damals fünfjährigen Sohn unterwegs war und erlebte, wie das Kind zum ersten Mal einen Teller Nudeln mit Tomatensoße verschmähte. Da waren kulinarische Teufel am Werk, denen man noch immer in so manchem Gasthause in die Hände fallen kann. Zum Glück ist der Beerberg gastronomisch unerschlossen und am heutigen Tage menschenleer. Schade, ich wäre gerne einmal in meinem Leben mit »Gut Runst« begrüßt worden.

Schließlich stehe ich vor einem Hinweisschild mit der Zahl 973, dem höchsten legal erreichbaren Punkt am Großen Beerberg. Zehn Meter fehlen noch bis zum Gipfel, aber ich muss die Expedition hier abbrechen und mir mein Scheitern eingestehen. Ich habe alles gegeben, die Gesetze und die Natur waren jedoch gegen mich.

Aufgrund des romantischen Gewölks war mir nicht einmal der Blick vom Schneekopfturm auf den Großen Beerberg vergönnt. Von Ludwig Bechstein weiß ich immerhin, dass es sich um eine »gigantische grüne Wand« handeln muss.

GROSSER BEERBERG
983 m

Start: *Waldhotel Schmücke* in Gehlberg
Gipfeleinkehr: *Neue Gehlberger Hütte* auf dem Schneekopf mit Blick zum Großen Beerberg
Streckenverlauf: Dem Wegweiser Richtung Gehlberg, dann dem roten Dreieck zum Schneekopfgipfel folgen, weiter bis zur Suhler Ausspanne. Am Westhang des Großen Beerbergs laufend erreicht man den höchsten Punkt des Rennsteigs (973 m), näher kann man dem Gipfel auf legalem Wege nicht kommen.
Strecke: ca. 12,6 km
Dauer: 3 h
Höhendifferenz: 360 m

15. STATION
WASSERKUPPE

ZWISCHENSTATION AUF DEM WEG ZUM MOND

Der Aufstieg zur Wasserkuppe ist von allen Seiten problemlos möglich. Ich entscheide mich für die Südroute über Gersfeld, weil mir die Dame in der Touristinformation den Weg so liebevoll ans Herz legt. Während sie die

Einzelheiten erläutert, erkundigen sich ältere Gersfelder nach der Bürgersprechstunde zur Einführung der gesplitteten Abwassergebühr, dem größten Ereignis, das hier in Kürze bevorzustehen scheint.

Wasser spielt in der Gegend eine große Rolle, der Berg trägt seinen Namen nicht umsonst. Es ist einer der regenreichsten Orte Deutschlands, und auch an diesem Nachmittag ballen sich am Horizont dunkle Wolken zusammen. Die Wasserkuppe wird auch das Dach von Hessen genannt, es ist mit 950 Metern der höchste Punkt, den man in diesem Bundesland erreichen kann. »Damit erlangt unsere Wasserkuppe schon in den Schulbüchern einen Bekanntheitsgrad, um den andere herrliche Berge der Rhön hart kämpfen müssen«, freut sich die Präsidentin des »Rhönklubs«.

Der Weg zum Gipfel führt zunächst durch die Kaskadenschlucht, wobei es im Sommer leider an Kaskaden mangelt, weil der Feldbach dann doch zu wenig Wasser hat. Trotzdem erweist sich die Schlucht als sehr malerisch, obwohl es sich, geologisch betrachtet, nur um ein durch eiszeitliche Erosion schroff eingeschnittenes Kerbtal handelt.

Die Strecke ist hervorragend gekennzeichnet, mitunter etwas übertrieben. Der leicht verwirrte Wanderer findet alle nur erdenklichen Winkel, Punkte und Wellen an Bäume und Strommasten genagelt sowie den merkwürdigen Hinweis »Zubringer zum Hochrhöner«, nur auf das Wort »Wasserkuppe« hat man verzichtet, wohl um die Spannung zu erhöhen.

Erfreulicherweise sieht man hin und wieder den Gipfel für ein paar Momente zwischen zwei Hügeln auftauchen und weiß, dass zumindest die grobe Richtung stimmt. Tritt man aus der Schlucht heraus, hat man einen überwältigenden Rhönblick. Man könnte glauben, sich direkt in Mittelerde im Auenland zu befinden, denn dem Auge bietet sich eine wunderbare, sanft und auch unsanft gehügelte Landschaft in allen nur denkbaren Grüntönen. Ab sofort bleibt man hinter jeder Biegung stehen, um den veränderten Blickwinkel zu genießen.

Tatsächlich stellt die Rhön das größte Risiko beim Gipfelsturm dar, da man immer wieder anhalten, tief durchatmen und seufzen muss, weil man auf diese atemberaubende Schönheit einfach nicht gefasst war, und dann irgendwann von der Dunkelheit überrascht wird. Hin und wieder sieht man eine Gruppe Kühe damit beschäftigt, das saftige Rhöngras auf die lange Reise durch ihre Mägen zu schicken. Man hört in der Ferne einen Traktor, Menschen sieht man an diesem Nachmittag keine. Eine erstaunlich vielfältige Auswahl an Wolken ist unterwegs, aber sie machen erfreulicherweise alle einen Bogen um die Sonne. Es geht weiter durch endlose Grasmatten und kleine Wälder mit bizarren Steinformationen aus vulkanischen Zeiten.

Die Wegweiserdichte nimmt beständig zu, rätselhafte Symbole bedecken fast zwei Meter eines Baumstamms. Einer der vielen Pfeile zeigt Richtung Fuldaquelle, und nach einer Viertelstunde stehe ich tatsächlich davor. Die Quelle ist von einer Basaltsteinmauer eingefasst und von etlichen Sitzmöglichkeiten umgeben. Das Wasser sprudelt klar, frisch und trinkbar direkt aus dem Wasserkuppenmassiv heraus. Das bleibt jedoch nicht so, denn je weiter die Fulda herunterkommt, umso untrinkbarer wird sie. Jetzt ist es nicht mehr weit, direkt vor mir liegt das beeindruckende Gipfelplateau. Auf dem Weg dorthin passiert man einen großen Flugplatz, man könnte also tatsächlich auf die Wasserkuppe fliegen, aber weil das hier eine arme Gegend ist, natürlich ohne Motor. Die Wasserkuppe gilt als die Wiege des Segelflugs.

Das Gipfelplateau ist recht dicht, aber auch recht uneinheitlich besiedelt. Es gibt eine beachtliche Reihe von Souvenirläden, das Rhön-Info-Zentrum, das Infozentrum des Biosphärenreservats, ein Segelflugmuseum, eine Filiale

der Deutschen Flugsicherung, eine Außenstelle des Deutschen Wetterdienstes, die Bratwurstausgabestelle *Lottis Futterkiste*, das Hotel *Deutscher Flieger* und das Hotel *Peterchens Mondfahrt*, dazu mehrere lang gestreckte Gebäude, die den Anschein erwecken, als sei man hier auf DDR-Territorium.

Den Wasserkuppengipfel schmückt kein Kreuz, sondern passenderweise eine Kuppel, ein sogenanntes Radom. Davon standen früher mehrere auf dem Berg, vollgestopft mit Radar- und Abhöranlagen. Jetzt befindet sich dort Hessens höchstgelegenes Standesamt.

Es gibt ziemlich viel Ablenkung hier oben, sodass man beinahe das Wichtigste übersehen könnte: die Aussicht. Von hier oben sieht man nämlich sehr weit, ich würde sagen, weiter als von jedem anderen herkömmlichen Berg mit 950 Metern Höhe. Vor allem nach Westen und Norden geht der Blick so weit, dass man es kaum fassen kann. Hannover, Frankfurt und Dortmund sind deutlich zu erkennen, jedenfalls kommt mir das so vor.

Die Strahlen der untergehenden Sonne tauchen die abendliche Rhön in ein märchenhaftes Licht, sodass ich mich nun bereit fühle, im Gipfelhotel *Peterchens Mondfahrt* einzuchecken. Ein überlegt gewählter Name, denn 1970 war Neil Armstrong auf der Wasserkuppe zu Gast, nur ein Jahr nach der Mondlandung. Sein Bild mit Unterschrift hängt im Restaurant, auf der Speisekarte findet sich ein joghurthaltiges Dessert namens »Der süße Neil«.

Als ich nach dem Essen noch einmal vor die Tür des Gipfelhotels trete, um zu überprüfen, ob die Schneefallgrenze auf 950 Meter gesunken ist, steht da ein riesiges längliches Raumschiff. Ein Wesen in kurzen Hosen kommt direkt auf mich zu, schwenkt aufgeregt einen Stoß Papiere und redet in einer unverständlichen Sprache. Ich frage: »English?«, und es antwortet: »Russki«. Sein Raumschiff, ein Lastwagen voller Paletten aus der Ukraine, ist vom Kurs abgekommen und auf der Wasserkuppe gelandet. An der Rezeption gibt man alles – die Streckenbeschreibung wird im Internet rudimentär ins Russische übersetzt, der Kosmonaut wendet und nimmt Kurs auf Gersfeld. Es wird höchste Zeit, sich zur Ruhe zu begeben.

In jedem Hotelzimmer liegt ein Exemplar von *Peterchens Mondfahrt*, dem psychedelischen Kinderbuchklassiker von Gerdt von Bassewitz, in dem schon auf der ersten Seite die Frau des Maikäfers Sumsemann zerquetscht und dem Witwer ein Bein vom Mann im Mond entwendet wird. Diese Lektüre befördert die absonderlichsten Nachtmahre: Ich träumte von Neil Armstrong, der auf dem Mond die gesplittete Abwassergebühr nicht bezahlen wollte und zur Strafe in *Lottis Futterkiste* arbeiten musste.

Als ich am nächsten Morgen aus dem Fenster schaue, steht da wieder das ukrainische Lkw-Raumschiff, wahrscheinlich hat es in der Nacht einmal die Erde umrundet. Der Abstieg ins Basislager verläuft dann ohne besondere Vorkommnisse.

WASSERKUPPE
950 m

Anreise: Der Ausgangspunkt Gersfeld liegt rund 30 Kilometer südöstlich von Fulda und ist mit Zügen und Bussen gut erreichbar.
Ausgangspunkt: Wanderparkplatz in Gersfeld.
Strecke: via Kaskadenschlucht, Fuchsstein und Fuldaquelle zum höchsten Gipfel der Wasserkuppe
Länge: ca. 13 km
Dauer: ca. 3 h
Höhendifferenz: 457 m
Einkehr: Hotel *Peterchens Mondfahrt* oder Hotel *Deutscher Flieger* auf dem Gipfelplateau

16. STATION
ZUGSPITZE

DAS IST JA WOHL DER GIPFEL!

Die Zugspitze war mal ein Dreitausender. Das vermuten bayerische Geologen vom Landesamt für Umwelt. Vor etwa 3750 Jahren, die meisten Leser werden sich erinnern, kam es zu einem Abbruch von 200 Millionen Kubikmeter feinsten Gipfelgesteins, seitdem misst die Zugspitze nur noch kümmerliche 2962 Meter. Dieser erbärmliche Zustand muss ein Ende finden. Selbst ein Zwergstaat wie Österreich hat Unmengen von Dreitausendern. Deutschland braucht wenigstens einen, um wieder zu sich selbst und zu neuer Größe zu finden. Das Dach unseres Landes könnte man problemlos wieder anheben, und zwar unter Beteiligung des Volkes. Die abgebrochenen Steine liegen mit Sicherheit alle noch irgendwo am Berg herum, man muss sie nur in der richtigen Reihenfolge wieder zusammensetzen und an die Bruchkanten kleben. Das wird meine Mission: Aufstieg 3000.

Die Zugspitze ist so unvorstellbar hoch, dass die höchsten Erhebungen von acht Bundesländern problemlos darin Platz finden würden, nämlich Bungsberg, Friedehorstpark, Hasselbrack, Helpter Berg, Kutschenberg, Erbeskopf, Dollberg und Großer Müggelberg. Die Zugspitze ist der einzige ernst zu nehmende Berg, den es in Deutschland gibt, und damit ist seine Besteigung auch ein ernst zu nehmendes Unterfangen, bei dem mich glücklicherweise der Bergwanderführer Hans Herbig unterstützt.

Wir starten auf ca. 710 Meter Höhe, das heißt, 2252 Höhenmeter sind noch zu absolvieren. Am Olympiastadion in Garmisch erhaschen wir einen kurzen Blick auf den Gipfel, der erst sehr spät wieder vor uns auftauchen wird. Der Weg führt durch die Partnachklamm, die fünf Euro Eintritt kostet, weil es sehr viele Special Effects gibt und die Instandhaltung dementsprechend aufwendig ist. Durch die enge Schlucht schießt die Partnach gurgelnd und zischend mit ungeheurem Druck. Tastend suchen wir uns den Weg durch dunkle niedrige Gänge und genießen immer mal wieder den Ausblick auf das brodelnde Wasser. Herbig erklärt, dass eine Klamm sich dadurch von einer Schlucht unterscheidet, dass man an einigen Stellen den Himmel nicht sehen kann. Es hat also nichts damit zu tun, dass die Gemeinde sehr klamm ist und deshalb Eintritt verlangen muss.

Am Ausgang der Partnachklamm beginnt der lange und sehr schöne Weg durch das beinahe liebliche Reintal zur *Reintalangerhütte*. Wir laufen immer entlang der Partnach, die hier einen sehr viel ruhigeren Eindruck macht, weil sie sich für ihren spektakulären Auftritt in der Klamm schonen muss. Bis zur Hütte brauchen wir etwa fünf Stunden und als wir dort eintreffen, stärken wir uns erst mal mit einem kräftigen Schluck aus der nahe gelegenen Partnachquelle. Anschließend lassen wir den Tag mit Käsekuchen, Salbeischlunzkrapfen, Grünem Veltliner und Kaiserschmarren ausklingen.

Für eine Duschmarke im Wert von zwei Euro kann man unbegrenzt eiskalt duschen, und um 6.30 Uhr wird man mit einem Gitarrensolo geweckt. Da sind die meisten Gäste schon längst hellwach und packen ihre Rucksäcke, denn jeder, der hier die Nacht verbracht hat, kennt an diesem Morgen nur ein Ziel, die Zugspitze.

Wir brechen um 7.05 Uhr auf und machen uns auf den Weg zum ersten Zwischenhalt, der Knorrhütte. Nach etwa zehn Minuten geht es steil nach oben, und zwei Stunden später lasse ich mich schweißüberströmt auf eine Bank vor der Hütte fallen. Wir sind jetzt auf 2050 Meter Höhe, die reichlich vorhandene frische Luft ist merklich dünner geworden. Etwa anderthalb Stunden arbeiten wir uns durch eine Art Mondlandschaft voran, und dann stehen wir auf dem Zugspitzplatt und blicken zum Zugspitzplateau, von dem uns nur noch weitere 90 Minuten und 300 Höhenmeter trennen. Vor uns kriechen Menschen ein steiles Geröllfeld empor. Hier liegen anscheinend die Steine, die damals vom Gipfel heruntergefallen sind. Unauffällig stecke ich ein faustgroßes Bruchstück ein. Herbig besteht darauf, dass wir Helme tragen, weil er Steinschlag befürchtet, ausgelöst durch die vielen verzweifelten Menschen, die sich irgendwie den Berg hochschleppen und die groteskesten Haken schlagen, weil sie glauben, es sei links oder rechts weniger rutschig.

Mein Bergführer empfiehlt mir kleine Schritte, und so überholen wir zügig eine ostwestfälische Seilschaft aus Lippstadt, werden aber mehrfach von drahtigen, eingeborenen Greisen überrannt, die täglich zum Frühstück auf die Zugspitze steigen.

Zu meiner eigenen Überraschung überwinden wir das Geröllfeld relativ problemlos und können uns jetzt im Fels sogar an einem Geländer festhalten. Das sei aber keineswegs ein Klettersteig, sondern höchstens ein drahtseilgesicherter Wanderweg, dämpft Hans Herbig meinen alpinen Überschwang. Ich solle einfach meine Füße die Arbeit machen lassen und mich nicht mit den Armen hochziehen. Ich versuche, mich an die Anweisung zu halten, aber wenn er nicht hinguckt, setze ich doch die Arme ein, weil meine Füße manchmal die Arbeit verweigern. Es gibt einige ziemlich steile Stellen, an denen sich keuchende Flachlandbewohner am Geländer festklammern.

Wir überholen schon wieder die Seilschaft aus Lippstadt, und mehrfach muss Hans Herbig verzweifelte Holländer retten, die sich verstiegen haben, weil sie dem falschen Drahtseil gefolgt sind. Hin und wieder stoßen wir auf Gedenktafeln, die an Menschen erinnern, die den Berg aus den verschiedensten Gründen nicht lebend verlassen haben.

Mich beschleicht ein beklommenes Gefühl, als wir auf dem Grat stehen, der auch die Grenze zwischen Deutschland und Österreich bildet. Steil stürzt der Fels nach beiden Seiten ab. Wenn man hier stolpert, in welche Richtung sollte man sich fallen lassen? Herbig empfiehlt mir Österreich, denn von dort könnten die Angehörigen später meine Asche mit nach Hause nehmen, was in Deutschland verboten wäre. Derartig motiviert bewältige ich auch die restlichen 300 Meter, schleppe mich mühsam eine Treppe hoch und betrete das Gipfelplateau, auf dem eine Kleinstadt mit mehreren Restaurants und einem muslimischen Gebetshaus errichtet wurde. Gefühlte zehntausend Menschen laufen hier herum und lassen sich einmalige Gipfelspezialitäten schmecken, wie »die höchste Rostbratwurst Deutschlands«. Die könnte ich jetzt gebrauchen, aber noch ist der eigentliche Gipfel nicht erreicht. Wir wühlen uns durch die gut gelaunten Menschenmassen, bis das Kreuz des Ostgipfels vor uns aufragt.

Die letzten zehn Meter erweisen sich als die schwersten. Zwanzig Minuten muss ich anstehen, bis ich endlich mein Gipfelselfie schießen kann. Sorgfältig und unauffällig klebe ich den Stein, den ich mühevoll heraufgeschleppt habe, an eine passende Stelle. Der erste Schritt zum Wiederaufbau des ersten deutschen Dreitausenders ist getan. Ein Mann beobachtet interessiert mein Treiben und ruft mir dann aufmunternd zu: »Du kannst den Helm jetzt abnehmen, Dir kann nichts mehr auf den Kopf fallen. Du bist ganz oben!«

ZUGSPITZE
2.962 m

Start: Garmisch-Partenkirchen, Olympiastadion
Streckenverlauf: Durch die Partnachklamm, dann über die *Bockhütte* der Partnach folgend durch das Reintal zur *Reintalangerhütte*. Von dort über die *Knorrhütte* zum Zugspitzplatt und über ein Geröllfeld und einen drahtseilgesicherten Weg bis zum Zugspitzplateau. Dann anstellen zum Aufstieg auf den Ostgipfel.
Strecke: ca. 24 km
Dauer: 10 h (inklusive einer Übernachtung)
Höhendifferenz: 2.252 m

WIE KOMMT MAN NACH GANZ OBEN?

16 WICHTIGE HINWEISE FÜR DIE BESTEIGUNG DER »16 SUMMITS«

Deutschland hat sechzehn verschiedene Bundesländer und jedes Bundesland hat einen höchsten Berg. Das ist gesetzlich so vorgeschrieben. Kann ein Mensch es tatsächlich schaffen, alle zu besteigen und lebendig unten anzukommen? Diese sechzehn Gipfel liegen ja nicht schön beieinander, in einem übersichtlichen Gebirge wie dem Himalaya, sondern sind vollkommen wahllos über ganz Deutschland verteilt. Die absolut ultimative Herausforderung! Hans Zippert hat sich ihr gestellt und lässt keine Fragen mehr offen.

Wie sollte man sich vorbereiten?
Auch wenn es schwerfällt, sollte man wenig bis gar nicht trainieren, möglichst disziplinlos essen und sich mit einem Leben auf sehr niedrigem Niveau vertraut machen.

Mit welchen Höhen muss man rechnen?
Würde man alle sechzehn Berge aufeinandertürmen, dann käme man auf eine Höhe von ca. 12.880 Meter. Das ist weitaus höher, als der höchste bisher bekannte Berg. Das muss man sich einfach mal klar machen. Die ersten zweitausend Meter sind kein Problem, aber danach beginnen die Schwierigkeiten. Auf 12.000 Meter Höhe ist die Luft so unfassbar dünn, dass man fast hindurchschauen kann. An Einatmen ist schon gar nicht zu denken. Auf solche Situationen ist niemand wirklich vorbereitet.

Was war die größte Schwierigkeit?
Das schwierigste war mit Sicherheit nicht die Höhe, sondern die Niedrigkeit der Berge. Es war teilweise fast unmöglich, die Gipfel überhaupt zu finden. Steigeisen, Sauerstoffmaske, Karabinerhaken, Eispickel oder Lawinen-Airbag, all das nützt einem überhaupt nichts, wenn man auf dem Hasselbrack (116 m) stehen will. Die höchste Erhebung Bremens, im Friedehorster Park, ist mit bloßem Auge nicht zu erkennen, und welcher Bergsteiger hat schon ein Vergrößerungsglas dabei?

Was war die zweitgrößte Schwierigkeit?
Der Kutschenberg im wilden Grenzland zwischen Brandenburg und Sachsen verändert

ständig seine Gestalt und entzieht sich den Blicken. Vorsicht vor Eichelhähern, die versuchen, einen vom rechten Weg abzubringen.

Vor welchen Tieren muss man sich in Acht nehmen?
Die Helpter Berge in Mecklenburg-Vorpommern werden von Milliarden von Stechinsekten bewohnt, die einen Gipfelaufenthalt unmöglich machen. Der Hasselbrack in Hamburg ist nicht ausgeschildert, weil dort der gefürchtete Raufußkauz sein Unwesen treibt. Wer den Wurmberg in Niedersachsen von der falschen Seite aus besteigt, wird von freilaufenden Downhillern und Freeridern angegriffen oder gerät in die Fänge eines Monsterrollerfahrers. Dank des E-Bikes dringen jetzt auch untrainierte Rentner in Bereiche vor, die nie zuvor ein untrainierter Rentner gesehen hat.

Sind alle Gipfel zugänglich?
Den Gipfel des Großen Beerbergs darf man nicht betreten, weil das Betreten verboten ist. Immer mehr Berge müssen an einigen Wochenenden wegen Überfüllung geschlossen werden. Auf dem Gipfel des Feldbergs habe ich nur deshalb einen Platz gefunden, weil jemand von seiner Reservierung keinen Gebrauch gemacht hatte.

Was muss man unbedingt mitnehmen?
Vergrößerungsglas, Deutschlandkarte 1:1.000.000, Blasenpflaster, Wörterbuch Deutsch-Sächsisch, Mittel gegen Sodbrennen

Wer war Ihr ständiger Begleiter?
Natürlich die Angst. Und Achim Apell, der Fotograf.

Wie bereitet man sich mental vor?
Man muss immer nach vorne schauen, selbst, wenn man nichts sehen kann, und man muss fest an sich glauben. Wie sagte schon Luis Trenker: »Sei du selbst, bevor es jemand anders tut.« Man muss das Unmögliche versuchen, um das Mögliche zu erreichen. Man muss die Vergangenheit hinter sich lassen. Man muss aber auch Demut zeigen vor den Urgewalten der Elemente, und man muss vor allem bereit sein, die unglaublichsten Phrasen zu dreschen.

Wie lange hat Reinhold Messner für die »16 Summits« gebraucht?
Als ich ihn fragte, welche Empfehlungen er mir geben könnte, sagte er: »Einfach einen Fuß vor den anderen setzen.« Im Gipfelbuch der Helpter Berge (179 m) sucht man seinen Namen allerdings vergebens und auch auf dem Langenberg (843 m) oder dem

Erbeskopf (816 m) ist er nie gewesen. Der Mann ist ja nicht lebensmüde. Den Brocken (1141 m) hat er allerdings ohne Sauerstoffmaske und ohne Benutzung der Schmalspurbahn bezwungen, dafür gebührt ihm mein Respekt.

Was sagt der Dalai Lama?
Der Dalai Lama empfiehlt: »Gehe einmal im Jahr dorthin, wo Du noch nie warst.« Das nutzte mir nicht viel, denn ich wollte sogar sechsmal im Jahr auf einen Gipfel steigen, auf dem ich noch nie vorher gewesen war. Darauf erwiderte er: »Falls du glaubst, dass du zu klein bist, um etwas zu bewirken, dann versuche mal zu schlafen, wenn eine Mücke im Raum ist.«

Wie steht es mit der Verständigung?
Nicht gut, immer wieder sah ich mich Eingeborenen gegenüber, deren Sprache mir nicht bekannt war. Das harte hessische Idiom in der Rhön, die herb verschliffenen Endungen des sauerländischen Westfälisch oder die erstaunliche Aneinanderreihung von Vokalen, mit der man sich am Fichtelberg unterhält, klangen für mich sehr fremdartig. Rückblickend war es wenig verwunderlich, dass ich häufig in die Irre geschickt wurde, ein Dialektwörterbuch wäre hilfreich gewesen.

Wie ist die Verpflegungssituation?
Es gibt nur auf vier Gipfeln (Brocken, Wasserkuppe, Fichtelberg, Zugspitze) Übernachtungsmöglichkeiten, man muss sich die Zeit also gut einteilen, damit man nicht von Dunkelheit und Sperrstunde überrascht wird. Eine weitere Gefahr bildet die prekäre Ernährungslage. In Gaststätten der östlichen Gipfelregionen werden Gerichte angeboten, die besondere Herausforderungen an das Verdauungs- und Immunsysteme des Bergsteigers stellen. Auch der harmlos wirkende Krautknödel auf der Zugspitze kann einen schnell außer Gefecht setzen, wenn man nicht bedenkt, dass Knödel oberhalb von 2900 Metern ihre molekulare Struktur ändern. Und der Backfisch am Fuße des Großen Müggelbergs ist zwar ein Meisterwerk der Panierkunst, aber nur für Freunde von antikem Frittierfett zu empfehlen. Dass ich das alles überlebt habe, ist ausschließlich auf die ungeheure mentale Stärke zurückzuführen, die ich mir im Laufe meiner Expeditionen durch transzendentale Irritation (TI) und vollkommene Gleichgültigkeit (VG) angeeignet habe. Regelmäßige Alkoholzufuhr kann aber zumindest auch nicht schaden.

Wie wichtig ist die Unterstützung durch Freunde und Familie?
Ein angeblich guter Freund sagte mir direkt ins Gesicht: »Fünfzehn Gipfel, das trau ich Dir grad noch zu, aber für sechzehn muss man aus anderem Holz geschnitzt sein.« Ich begann selbst an mir zu zweifeln. Meine Frau googelte die Nummer von Scheidungsanwälten und wollte mich entmündigen lassen, meine Kinder verlangten die vorzeitige Auszahlung ihres Erbes.

Was kann jetzt noch kommen?
Das habe ich mich auch gefragt. Die zweithöchsten Berge jedes Bundeslandes? Die tiefsten Punkte? Nein, ich glaube ich bin jetzt bereit für die wirklichen alpinen Herausforderungen. Ich will den »Kalimandscharo« bei Bokeloh bezwingen und seine Brüder, den »Monte Kali« und den »Monte Kaolino«. Die mächtigen Salzabraumhalden unseres Landes, die sich majestätisch aus dem Nichts erheben.

Waren Sie wirklich der erste Mensch, der alle 16 Gipfel bezwungen hat?
Ich bin mir nicht sicher, denn wer noch halbwegs zurechnungsfähig ist, würde mit so etwas ja nicht auch noch angeben. Außerdem muss man bedenken, dass Deutschland erst seit 1990 über 16 Bundesländer verfügt.

Damals konnten, zu relativ ungünstigen Konditionen, fünf neue dazu gekauft werden. Mit Sicherheit bin ich aber der erste Mensch, der das in 31 Monaten und 4 Tagen geschafft hat und wahrscheinlich auch der erste Bielefelder, zumindest der erste aus dem Stadtteil Schildesche oder wenigstens aus der Beckhausstraße. Auf jeden Fall bin ich der erste, dem es gelungen ist, einen Verlag zu überreden, daraus ein Buch zu machen. Wahrscheinlich wird das am Ende als meine größte Leistung in die Geschichtsbücher eingehen.

Wie alle Extrembergsteiger steht der Autor ab sofort für Motivationsseminare, Incentive-Events und Impulsreferate zur Verfügung. Ist aber auch als Keynote-Speaker oder Deutschlandkenner buchbar.

LITERATUR

Fritz Benesch – Gewalten der Berge
Enid Blyton – Fünf Freunde helfen ihren Kameraden
Bertold Brecht – Die Mühen der Ebene
Emily Brontë – Stürmische Höhen
Dante – Die Göttliche Komödie
Heimito von Doderer – Die Strudlhofstiege
Bernt Engelmann, Günter Wallraff – Ihr da oben – wir da unten
Theodor Fontane – Wanderungen durch die Mark Brandenburg
Hans Hass – Manta, Teufel im Roten Meer
Homer – Odyssee
Joris-Karl Huysmans – Tief unten
H. P. Lovecraft – Berge des Wahnsinns
Thomas Mann – Bekenntnisse des Hochstaplers Felix Krull
Robert Musil – Mann ohne Eigenschaften
Die Prophezeiungen des Nostradamus
Don Rosa – Donald Duck: Zurück ins Land der viereckigen Eier
Raymond Roussel – Locus Solus
Harriet Beecher Stowe – Onkel Toms Hütte
David Foster Wallace – Unendlicher Spaß

Stillleben mit zwei sehr reifen Früchten und kaltem Kaffee im Brocken-Hotel

DANKSAGUNGEN

Dieses Buch wäre niemals möglich gewesen ohne Achim Apell, von dem die Idee stammt und der mir treu zur Seite stand, vor allem, wenn ich die Orientierung verloren hatte. Also praktisch immer. Ich danke außerdem Tabea Hoppe, Hans Herbig, Klaus Haselböck, Ernst Kahl, Fritz Tietz und Reinhold Messner.

Vor allem danke ich der Eiszeit, ohne die so zauberhafte Erhebungen wie der Bungsberg, die Helpter Berge oder der Hasselbrack nicht möglich gewesen wären. Lang lebe die Endmoräne!

16 ABKÜRZUNGEN FÜR EILIGE

Brocken – Klassiker, von Goethe entdeckt. Muss man gemacht haben, natürlich über den Heinrich-Heine-Weg, entlang der lieblichen Ilse. Grandiose Aussicht von einem Gipfel mit außergewöhnlichem Klima. Einziger Berg, den man mit dem Zug besteigen kann.

Bungsberg – An sehr guten Tagen sieht man sogar das Meer, aber dazu reicht es in Schleswig-Holstein auch, wenn man auf einen Stuhl steigt.

Dollberg – Äußerst irreführender Name, so doll ist das da nicht. Das Beste kommt zu Anfang: monumentale Keltenanlage mit gigantischen Ringwällen. Auf dem Gipfel keine Aussicht. Saarland eben.

Erbeskopf – Liegt nur ein, zwei Steinwürfe vom Dollberg entfernt, ist aber sehr viel großzügiger und ansprechender gestaltet. Einziger Gipfel mit Kunstwerk, so eine Art begehbare

Windharfe. Im Nebenberuf höchster Berg der Niederlande, Luxemburgs und Belgiens und natürlich auch des Saarlandes. Spitzenaussicht.

Feldberg – Etwas überlaufen, aber das verteilt sich. Vorteil: Man kann bis in die Schweiz und Frankreich sehen. Nachteil: viele Schweizer und Franzosen, die sich ihr Land von außen angucken wollen. Einziger Gipfel Deutschlands, der früher einer Brauerei gehört hat.

Fichtelberg – Kann man mit dem Auto besteigen und dann im Hotel übernachten. Versuchen Sie das mal auf dem Mount Everest. Sollte der Abstieg unfallfrei gelingen, besteht die Möglichkeit bei Jens Weißflog Kaffee zu trinken.

Friedehorstpark – Sollte man vom Bremer Bahnhof aus erwandern. Wenn man vier Stunden immer auf Meereshöhe gelaufen ist, wirken die 32,5 Meter richtig eindrucksvoll. Gipfelkreuz ist mitzubringen.

Großer Beerberg – Betreten des Gipfels verboten. Unterwegs kann man mit Tannenzapfen auf Tiere werfen und seinen Kopf durch Löcher stecken. Früher in DDR-Besitz. Heute vielleicht auch, deshalb das Sperrgebiet.

Großer Müggelberg – Wie in Berlin nicht anders zu erwarten: totale, geradezu groteske Fehlplanung. Man sieht nüschte. Ist aber der einzige Gipfel, dem man sich per Schiff nähern kann. Am Anleger unbedingt den Backfisch vermeiden. Bessere Sicht bietet der Turm auf dem Kleinen Müggelberg.

Hasselbrack – Oben brütet der Raufußkauz, in der Nähe wohnt Dieter Bohlen und früher lebten da mal die Attentäter von 9/11. Der Ort hat irgendwas dämonisches.

Helpter Berge – Kennt keiner. Für Menschen, die andere damit beeindrucken wollen, dass sie wissen, wie der höchste Berg von Meckpomm heißt. Gipfelbuch vorhanden.

Kutschenberg – Kennt erst recht keiner und findet zum Glück auch keiner.

Langenberg – Deutsche dürfen den Gipfel nur mit Erlaubnis des holländischen Konsulats betreten. Es gibt aber rein gar nichts zu sehen, außer einem sinnlos großen Gipfelkreuz und unzähligen Holländern.

Wasserkuppe – Mit dem Auto erreichbar. Bebauung etwas übertrieben: Standesamt, Hotel, Wettermessstation, Abhöranlage, *Lottis Futter-*

kiste, Fliegerdenkmal in Adlerform, Bettenlager, Lagerbetten, Segelflugplatz. Liegt in der Rhön, die in ihren besten Momenten so aussieht, wie das Auenland wahrscheinlich ausgesehen hat.

Wurmberg – Höchster Berg von Niedersachsen, mehr muss man nicht sagen. Einziger Gipfel mit Streichelzoo.

Zugspitze – Bis auf die letzten zehn Meter durchaus empfehlenswert. Ein richtiger Berg, aber obendrauf sieht es aus wie in der Einkaufszone von Hannover.

Auf dem Dach von Sachsen-Anhalt

DAS EXPEDITIONSTEAM

Hans Zippert (links), mehrfach ausgezeichneter Journalist und Autor, von 1990–95 Chefredakteur des Satiremagazins Titanic, freier Mitarbeiter bei Geo, Stern, Geo-Saison, FAZ, Zeit, SZ, seit 2008 Kolumnist für Hörzu, seit 1999 schreibt er die tägliche Kolumne »Zippert Zappt« in der Welt (u. »Zipperts Wort zum Sonntag« i.d. WamS). Lebt in Oberursel.

Achim Apell (rechts) gehörte zur Gründungsmannschaft des Magazins Tempo, produzierte Filme und Nachrichten für verschiedene Sender, war Gründer und Geschäftsführer von KinoweltTV, Herausgeber verschiedener Buchreihen, ist Mitglied der Deutschen UNESCO Kommission, freiberuflicher Fotograf, lebt in Frankfurt/Main und im Piemont.

Höchster natürlicher Berg Berlins
114,80 m über(NN) NHN

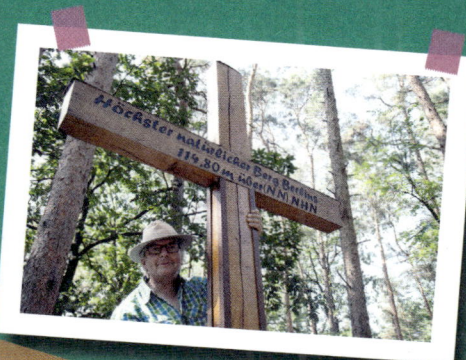

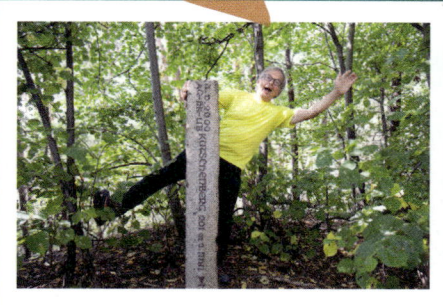

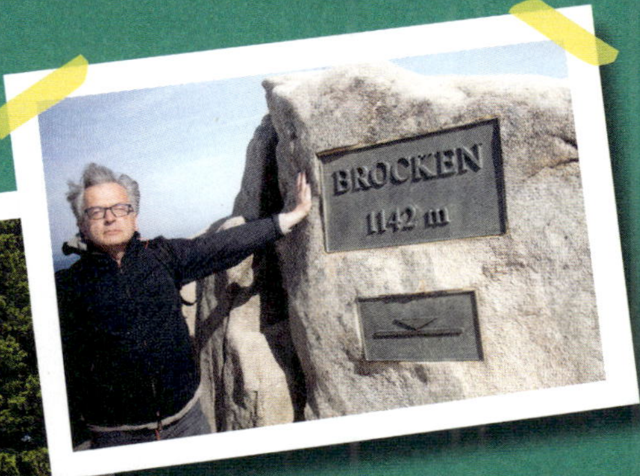
BROCKEN
1142 m

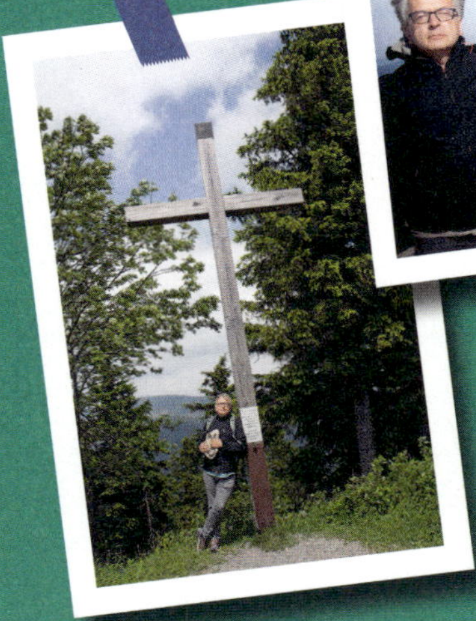